津田梅子

日本の女性に教育で夢と自信を

山口 理・文

もくじ

はじめに …… 4
一　梅子の決心 …… 7
二　アメリカでの日々（ひび） …… 17
三　梅子の夢（ゆめ） …… 30
四　女性（じょせい）の地位（ちい） …… 40
五　再（ふたた）びアメリカへ …… 54
六　二本の道 …… 67
七　学校を開く …… 75
八　最初（さいしょ）の五人 …… 91

九　おとろえていく体……102
十　昨夜は嵐……114
おわりに……120

資料
梅子をとりまく人びと……126
梅子とゆかりのある場所……132
梅子をもっと知ろう……134
梅子の人生と、生きた時代……136
資料室へ行こう……140

はじめに

二〇二四年、日本のお札のデザインが変わります。一万円札に渋沢栄一。千円札は北里柴三郎。そして五千円札が、この本の主人公である津田梅子です。

「津田梅子ってどんな人?」

そう思う人もきっといることでしょう。

ひと言で言ってしまえば、「低かった日本の女性の地位を向上させるために、熱い情熱をかたむけた教育者」ということになります。

とつぜんですが、みなさんのクラスには何人の仲間がいますか? その中に女子は何人いますか? 多くの学校では、男子と女子の人数に、そう大きなちがいはないことでしょう。女子の方が多い、というクラスだって、少なくないはずです。ところが梅子の生きていた時代には、「女には学問など必要ない」「女は男に仕えるために、家事や習い事をすればそれでよい」という考え方が当たり前。そのため、学校で勉強をしている女子など、ほとんどいなかったのです。

そうした考え方に疑問を持ち、日本の女性のための学校をつくるという夢をいだいて波乱の生涯を送った女性が、津田梅子なのです。

それでは梅子は、実際にはどのような人生を歩み、どのような人びとと関わり合い、そしてどのような功績を残した人物なのでしょうか。梅子の生まれたのは一八六四年。けれどこのお話は、それから六十四年後のある日から始まります。

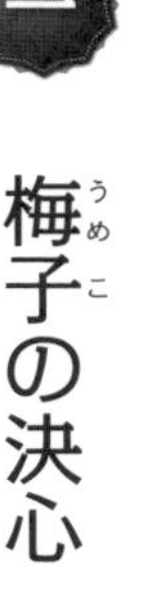

梅子の決心

梅子はゆっくりと、ベッドの上にすわり直しました。

「今日はなんだか気分がいいわ。」

窓の外を見ると、木々という木々が身をよじるようにおどりくるっています。一九二九（昭和四）年八月のある夜、鎌倉の町は嵐のまっただ中にありました。

七月からこの鎌倉で暮らしはじめた梅子でしたが、月が変わったとたん、体調をくずしてしまったのです。

「あのときの船も、この木のようにゆれていたわね。」

梅子が思い出しているのは、まだ幼い日、不安だけを胸にかかえて旅立ったあの日のことでした。ふと、机の上の押し花に目を移す梅子。

「この押し花……。わたしの心に火をつけてくれたのは、もしかするとこの押し花だったのかもしれないわね。本当に、いろいろなことがあった。」

さまざまな思いが梅子の頭の中をかけめぐり、眠ることができません。自分の人生は、まるで今、ふき荒れているこの嵐のようだったと、梅子は思うのです。けれど決して、苦難ばかりの人生だったわけではありません。希望も喜びもありました。机の上の押し花も、その希望と喜びの証のひとつでした。

「……もう夜明けなのね。」

いつの間にか、窓の外が白々と明けてきました。梅子は日記帳を開き、たったひとこと、英語でこう書き記しました。

Storm last night（昨夜は嵐）

梅子が大切にしていた押し花。イギリスでフローレンス・ナイチンゲールより贈られた花でつくった押し花のうちの１枚。

写真提供：津田梅子資料室

その嵐が過ぎ去った八月十六日、日本の女子高等教育の道を切りひらいた情熱の人、津田梅子は静かにこの世を去りました。六十四年の波乱に満ちた生涯でした。

かつて、日本の女性の地位は、男性にくらべて非常に低いものでした。

「女は家にいて、男につくしていればよい。」

「女は人形のようにおしとやかで、言われるまま、おとなしくしていればよい。」

そうした考え方が、しみついていたのです。そんな時代の一八六四年十二月三十一日。梅子は江戸牛込南町（今の東京都新宿区）で生まれました。父の津田仙は新しい考えの持ち主で、進んで外国のすぐれた文化を学ぼうとする人でした。それなのに……。

「なんだ、また女か！」

これは梅子が生まれたとき、父の津田仙が言い放った言葉です。仙は、男の子が生まれることを強く希望していました。なぜなら当時は、女の子が家のあとつぎになることはできなかったからです。ところが長女の琴子に続き、生まれてきたのはまたも女の子。

「男の子でないなら、どうでもいい！」

なんてひどい言い方でしょう。その仙は、わかいころから進んで外国の文化を学び、英語を話すこともできました。のちには、その能力をいかして、東京でたった一件しかなかった西洋風旅館「築地ホテル館」で働いたこともあり、自ら農園を開いて、そのころまだ日本にはなかった、トマト、アスパラガスなどの西洋野菜をつくりました。またそれだけではなく、「学農社」という学校を開き、農業雑誌を発行するなど、日本の近代化に目を向けていた人でした。そんな「新しい考えの持ち主」である仙でさえ、女の子の誕生を喜ぶことができなかったのです。

結局この日、仙は家に帰ってきませんでした。それほど生まれてきた子どもが、男の子でなかったことが、残念で仕方なかったのです。

けれど、仙が梅子をかわいがらなかったわけではありません。梅子がまだ四歳にもならないころのことでした。

「お母様、お父様から手紙が来ていますよ。」

琴子が小走りに母の元へやってきました。

「まあ、なんでしょう。めずらしいこと。」

仙は妻にあてて、次のような手紙を書いたのです。

「そろそろ梅子に読み書きを教えたいと思う。そこで毎日、朝と夕方に時間を決めて教えてやってほしい。」

このころの日本は、明治時代に入り、身分や家柄に関係なく、自分で職業や進路を決めることができるようになっていました。この新しい時代では、よりよい教育を受けさせることが、子どもたちの幸せにつながっていくと、仙は考えたのです。


その仙がある日、梅子を自分の部屋に呼び寄せて、こう言いました。

「梅、アメリカに行ってみる気はないか？」

少し前に明治政府の北海道開拓使という官庁は、日本で初めての女子留学生をアメリカに派遣することを決めたのです。

「日本の教育はあまりにも低い。特に女子教育の低さといったら、それはひどいものだ。日本の将来を考えるならば、女子を西洋に留学させることが必要だ。」

こう強く主張したのは、北海道開拓使で次官を務めていた、黒田清隆という政治家でした。仙はそのころ北海道開拓使で働いていました。西洋のようすをその目で見てきた黒田は、西洋と日本との大きな差に、がくぜんとしたのです。仙はこの黒田の意見に大賛成でした。そしてほどなく、女子留学生をアメリカに送ることが決まったのです。

「アメリカ……ですか？」

あまりにも突然な話にとまどい、上目づかいにそっと父の顔を見ました。

仙は以前、江戸幕府の仕事で福沢諭吉などとともにアメリカに行ったことがあり、そのときの経験を生かして、新しいことに次つぎと挑戦していました。そんな父の姿を見て育った梅子ですから、知らず知らず、外国への興味が芽生えていたのはたしかです。梅子は言いました。

「でもどうしてわたしが？」

「外国のことをよく知るために最も必要なのは『言葉』だ。わしが英語を学び始めたのは二十歳過ぎ。だからとても苦労した。今のおまえなら、わしよりずっと早く、そして正確な英語を身につけることができる。だから、こうしてすすめているのだ。」

父の話を聞いているうちに、少しずつ外国への興味(きょうみ)が高まっていくのを感じていました。けれど……。

「もしもアメリカに行ったら、いつ帰ってこられるのですか？」

「うむ。なんでも十年間の予定らしいぞ。」

「じゅ、十年間!?」

梅子は思わず大声を上げてしまいました。十年という年月は、このときの梅子にとって、想像(そうぞう)もつかない長さだったのです。

「い、いやです、そんなに長く。だってその間ずっと、お父様にもお母様にも、琴(こと)ねえさんにだって会えないのでしょう？　そんなの、さみしすぎます。」

すると仙(せん)は、梅子の目をまっすぐに見て、こう言いました。

「おまえが今から十年間アメリカで暮(く)らせば、正しい英語(えいご)が身につく。

それだけじゃない。知識も文化も、しっかりと身につけることができるんだ。それが日本の未来にもつながってくるんだぞ。」

梅子には、父の話によくわからないところもありました。しかし、その真剣さは幼い梅子にも、十分に理解できるものでした。

（お父様は、まわりの人たちがびっくりするようなことを、どんどん実現してきた人だわ。わたしはお父様のことを、とてもすごいと思っている。そのお父様がこんなに熱心にすすめてくれるのなら……）

梅子は一度小さくうなずいてから、ゆっくりと顔を上げました。

「お父様、わたし、アメリカに行ってみます。」

津田梅子、このときわずかに六歳でした。

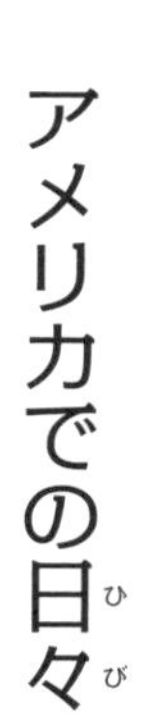

二　アメリカでの日々

一八七一年十二月のある朝のこと。

「梅子、とっても似合うわよ。」

姉の琴子が笑顔で梅子の手を取ります。母に着せてもらった赤いふりそでは、梅子のかわいらしさを、いっそう引き立てていました。

「さあ、そろそろ時間ですよ。」

母は、出産をしたばかりなので、見送りに行くことができません。梅子の顔をちらっと見て、玄関に降り立ちました。

「お母様、横浜って遠い……」

そこまで言って、梅子は言葉を飲みこみました。母の目になみだが浮かんでいたからです。そのようすを見た梅子の胸が、ぎゅっとしめつけられました。母は小さな梅子の体をそっとだくと、たったひと言、「いってらっしゃい」と言って、笑顔で梅子の背中を見送りました。決して口数の多い方ではない母ですが、この日は特に無口でした。

行く先は横浜港。明治政府が初めて海外に送り出す岩倉使節団が、その横浜港から旅立つのです。この使節団には、日本で最初の女子留学生として、五人の少女たちも同行していました。その中に、わずか六歳の梅子も入っていたのです。

横浜港では、父の仙と、しんせきの八重野おばさんが、見送りをしてくれます。

「ねえ、おばさま。この船って……」

そのときです。どこからともなく、こんな声が聞こえてきました。

「あんな小さな子をアメリカにやっちまうのかい？　なんてひどい親なんだろうね。」

「まったくだ。まるで鬼だよ。」

今、自分が泣いてしまったら、お母様は本当に鬼のような人だと思われてしまう。梅子はグッと涙をこらえて、船のタラップをのぼっていきました。


この船旅では、五人の留学生が同じ船室で過ごすことになっていました。吉益亮子、十四歳。上田悌子、十四歳。山川捨松、十一歳。永井繁子、九歳。そして津田梅子、六歳。いずれもまだ幼い少女たちでした。

「いよいよ出航ね。アメリカっていったい、どんなところなのかしら。」

「言葉もわからないし、知り合いもいない。わたしはやっぱり不安だわ。」

どうやら年長の二人の方が、大きな不安をかかえているようです。こうして梅子たちを乗せた船は、大勢の見送りを受けながら、横浜からアメリカに向かって出航していきました。

「みなさん。わたしがこの船の中でみなさんのお世話をするミセス・ディロングです。どうぞここでは、わたしのことをマザーだと思ってくださいね。」

そう言って少女たちの顔を見回したミセス・ディロングの目が、梅子のところでぴたっと止まりました。

「あ、あなたも留学生のメンバーなの？　まあ、こんなリトル・レディがいたなんて。」

ちょっとおどろいたミセス・ディロングでしたが、すぐに優しい笑顔に変わりました。

出航して何日かたったある日のこと、少女たちが船室で話をしていると、ドアをノックする音がひびきました。入ってきたのは、りっぱな身なりをした一人の男の人です。

「あっ、伊藤様！」

捨松がおどろいたように、いすから立ち上がります。その男の人は、伊藤博文という政治家でした。どうやら捨松は、この人のことを、知っていたようです。

「みなさん、ごきげんはいかがかな？　そろそろ船旅にあきてきたのではありませんか？」

「あきてきた」というよりは、「不安が大きくなってきた」と言った方が正しいのかもしれません。伊藤はそんな少女たちを気づかって、元気づけに来たのです。伊藤がしてくれる楽しかった旅の話や、見聞きしたおかしな話などを聞いて、五人は久しぶりに声を上げて笑いました。

そんな航海の間に梅子は七歳になりました。そして二十三日間の船旅を続け、年が明けた一八七二年一月、一行はようやくサンフランシスコに到着したのです。

「まあ、かわいい。」

「あれが日本人の服装なのね。きれいだわ。」

こんなふうに少女たちは、街を歩いていても、ホテルに泊まっていてもみんなの注目を集めました。和服を着た梅子たちは、現地の人たちにとって、まるで人形のように映ったのでしょう。しかし少女たちにとっては、そのことが悩みの種でした。

「岩倉様。わたしたちはどこに行ってもめずらしがられて、まるで見世物のようです。」

「お願いです。この国の女性たちが着ているものと同じ洋服を買ってください。」

「岩倉様」というのは、使節団の代表を務めていた、岩倉具視という政治家です。岩倉は梅子たちの願いを聞き入れ、シカゴという都市でよく似合う洋服を買いました。その洋服姿で少女たちは、目的地であるアメリカの首都、ワシントンに向かいました。

「みなさん、長旅、おつかれさまでした。わたしはみなさんのめんどうをみる、森有礼といいます。どうぞよろしく……、おや？」

そこまで言うと森は、かるく首をかしげます。

そして、梅子の顔をまじまじと見つめました。

「あなたはいったい、どこからまぎれこんだのですか？　おうちの方はどこにいらっしゃるのかな？」

そう言って、あたりをきょろきょろとながめ回します。そんな森の顔を梅子はキッと見つめ返して言いました。

「わたしは、留学生の津田梅子です。」

森には、返す言葉がありませんでした。まさか、こんな幼い少女がやってくるなど、予想だにしていなかったからです。

洋装になった５人の少女たち。左から繁子、悌子、亮子、梅子、捨松。
写真提供：津田梅子資料室

その梅子たちはその後、お世話をしてくれるそれぞれの家に預けられることになりました。つまり、ただでさえ不安でたまらない少女たちが、いずれはひとりひとり別べつの家に預けられるのです。どんなに心細いことだったでしょう。

「いらっしゃい、梅子。」

「なんてかわいらしいレディなんだ。」

こんな言葉で梅子を歓迎してくれたのは、日本弁務使館の書記として働いていた、チャールズ・ランマン夫妻。梅子はこの家庭に預けられました。子どものいなかったランマン夫妻は、梅子の小さな体をやさしくだきしめました。

こうして梅子のアメリカでの生活が、始まったのです。

まもなく梅子は、ジョージタウンにある小学校に通い始めました。ところが授業がまるでわかりません。クラスメイトとおしゃべりすることもできません。当然のことですが、授業も会話もすべて英語で行われていたからです。何しろ、アメリカに着いたばかりの梅子が知っている英語といったら、「サンキュー」など二、三の言葉だけだったのですから。

けれどこんなことで梅子はめげません。父の仙に買ってもらった英語の辞書で、毎日毎日、必死に英語の勉強にはげみ、二か月を過ぎるころには、かたことの英語で会話をすることもできるようになりました。

いっしょにやってきた五人のうちの二人、吉益亮子と上田悌子は体調をくずして十か月後に帰国してしまいました。つまり、年長の二人が帰ってしまったことになります。しかし、山川捨松、永井繁子、そして梅子の三人は、そのままアメリカに残りました。一番幼い梅子も、年上の二人に負けずと熱心に勉強にはげみ続けたのです。

そんなある日のこと、ランマン夫人が梅子に向かって言いました。

「梅子は、アメリカの暮らしがつらいとか、日本に帰りたいとか、一度も言ったことがないわね。無理をしているんじゃない？」

すると梅子は、夫人の目をじっと見つめて言ったのです。

「この家でこんなに優しくしていただいて、つらいわけがありません。それにわたしが今、日本に帰ったら、わたしの母のことを『鬼のような親』だと思ってしまう人たちがいるかもしれないのです。港にいたあの人たちのように……。母にそんな思いはさせたくありません。」

その言葉を聞いた夫人はおどろきました。たった七歳の子が、こんなことを考えているのかと。

「梅子はかしこい子だ。そして優しい子だよ。こんな子とめぐり会うことができて、わたしたちは幸せ者だね。」

夫のチャールズも、心の底からそう思っていました。ですから夫妻は梅子を、まるでわが子のように大切に育てていったのです。

梅子はとても物覚えがよく、学校の成績も優秀でした。英語の本をたくさん読み、日記や手紙もすべて英語で書きました。


アメリカに渡って二年が過ぎたころ、学校の学芸会で詩の朗読をしました。朗読をする子どもたちは本を手に、たどたどしく読んでいきます。そして梅子の番になりました。

「まあ、あの子は本を持っていないわ。」

「あの長い詩を暗唱しているのね。すごいわ。」

客席からそんな声が上がります。そう、梅子だけは本を見ず、そして一度もまちがえることなく、「白い足の鹿」という長い詩をどうどうと暗唱してみせたのです。それも見事な発音で。暗唱が終わった瞬間、客席からいっせいに大きな拍手がわき上がりました。クラスメイトも、先生たちも、同じように精一杯の拍手を梅子におくりました。こうして梅子は、学校中の人気者になったのです。

「やはり梅子はすばらしい子だった。わたしたちの自慢の子どもだよ。」

ランマン夫妻は、梅子の活躍を心から誇らしく思うのでした。

梅子の夢

一八七八（明治十一）年、十三歳になった梅子は小学校を卒業し、私立の女学校であるアーチャー・インスティチュートへ進学しました。ここは中等教育を受けるための女学校です。ここでも梅子は熱心に勉強を続け、フランス語、ラテン語、物理学、天文学など、いろいろな学問を深く身につけていったのです。

その反面、日本語は次第に忘れていきました。それもしかたありません。アメリカでは日本語を使う機会など、ほとんどなかったからです。

「梅子はどんどん成長していきますね。」

「そうだな。こんなにかしこい子は、アメリカ中をさがしても見つからないかもしれないね。」

ランマン夫妻は、梅子の成長がうれしくてたまりません。

「梅子が将来、りっぱな人物になれるよう、学問だけではなく、もっといろいろな経験をさせたいものだ。」

「それじゃ、旅はどうでしょう。いろいろなところへ連れて行って、たくさんの経験をさせてはどうかしら。」

夫妻は顔を見合わせてうなずき合いました。ランマン夫妻は休みのたびに梅子を連れて、旅行に行きました。学校での勉強だけでなく、旅を通してさまざまな体験をさせ、心の豊かな人間に育てようと考えたからです。こうしたランマン夫妻のあふれるような愛情を受けて、梅子はすくすくと育っていきました。

ある日のこと、梅子はいっしょに留学した捨松、繁子と楽しく会話を交わしていました。この三人は、ずっと仲のよい友達であり、おたがいに同じ日本人としての心のささえにもなっていました。

「今度、光と色の実験をするのよ。」

と、目をかがやかせている捨松は、大学で自然科学も学んでいます。

「わたしは、今までよりむずかしい曲にチャレンジするの。」

と、体を乗り出した繁子は、捨松と同じ大学で音楽の勉強をしています。

「ねえ、梅子は今、何を学んでいるの？」

「今は天文学を勉強中よ。……それより、二人に聞いてほしいことがあるの。」

捨松と繁子はたがいに顔を見合わせ、そのあと、梅子をじっと見つめました。

「わたし、いつか日本で女性のための学校をつくりたいの。日本ではまだ『女に学問は必要ない』っていう考え方が根強いらしいわ。でも、女性だって男の人と同じように、知識を身につけ、社会のために働けるはずよ。それに日本の女の人の中にも、学校へ通って学問を身につけたい、と思っている人は必ずいると思うの。だから、そんな人たちのための学校をつくりたいの。」

そう語る梅子の目は、真剣そのものでした。

「できる！　梅子ならきっとできるわ。」

捨松がいすから立ち上がって、梅子の手を取りました。

「そうよ。わたしたちも梅子の夢のために協力するわ。いっしょにがんばろう！」

この約束が、梅子の人生にとって、かけがえのない宝物となっていくのです。こうして日本をはなれてからあっという間に十年の歳月が流れ、梅子はだれもがおどろくほどの英知を身につけた女性へと成長していきました。

一八八一（明治十四）年、開拓使から梅子たちに、こんな連絡が届きました。

「留学期間の十年が過ぎましたので、日本に帰国する準備をしてください。」

梅子はこの連絡を、複雑な思いで受け取りました。

「約束の期日をむかえるのだから、帰国するのは当たり前のことね。でも、なんだか不安だし、それにさみしいわ。」

不安なのは、慣れ親しんだアメリカを離れること。梅子はすでに日本よりもアメリカでの生活の方が、ずっと長くなっていました。日本での記憶はほとんど残っていません。「帰る」というよりも、「行く」と言った方がピンとくるくらいです。そして、さみしいという気持ちは、アメリカで親代わりになってくれた、ランマン夫妻との別れからわきあがってくるものでした。そんな梅子のようすを見たランマン夫人は、そっと梅子の手を取り、こう言いました。

「梅子。そんなさみしそうな顔をしないでちょうだい。わたしだって、とてもさみしい。でも、あなたが自分の国で、自分の大きな夢を実現させるために帰るんですもの。だからわたしは笑顔で梅子を見送ろうと決めたの。」

そうは言いながらも、夫人の目にはうっすらと涙がうかんでいました。

「梅子との生活は、わたしたちの一生の宝物よ。」

その言葉にたまらず、梅子は夫人の胸に飛びこんでいきました。


一八八二（明治十五）年十月。約十一年間のアメリカ生活（学校を卒業するまで一年間延ばしてもらった）を終えた梅子は、捨松とともに列車に乗りました。繁子は前の年に帰国していたので、捨松との二人旅になるのです。二人のつきそいとして、アリス・ベーコンという女性もいっしょに乗っています。アリスは、捨松が暮らしていたベーコン家の娘です。梅子とも顔見知りなので、ランマン夫妻との別れのさみしさも、いくらかやわらぎました。その梅子がバッグから何かを取り出しました。

「ランマン夫人に手紙を書くわ。」

これには二人とも、少しあきれ気味です。だって、ついさっき別れたばかりなんですから。

列車はサンフランシスコに到着し、ここからは船の旅が始まります。

「ずいぶんゆれるわね、この船。」

「天候が悪いせいね。……それよりわたしはやっぱり不安なの。」

そう言って、大海原をじっと見つめる梅子。その梅子の顔を心配そうにのぞきこむ捨松。梅子がポツリとつぶやきます。

「わたし、日本を離れたときはまだ幼くて、日本のことはあまり覚えていないの。日本語だって、すっかり忘れてしまったわ。こんなことで、うまく暮らしていけるのかしら。『日本で学校をつくる』なんて、とても無理そうな気がしてきたの。」

梅子よりも五歳年上の捨松は、なんとかしてその不安を取り除いてあげたいと思いました。

「なによ、梅子らしくないわね。わたしだって、日本人としてうまく生活できるかどうか心配よ。だけど、いくら心配したってしかたないわ。なるようになるものよ。日本で暮らしていくうちに、自然となじんでくるはずだから。アメリカに来たときだって、そうだったじゃない。」

捨松の言葉に、梅子は大いにはげまされました。

「そうね。わたしたち、日本人なんですものね。」

梅子にようやく笑顔がもどりました。

「そうそう。梅子が学校をつくるときには、わたしも繁子も協力する。そう約束したでしょう？　だから、どーんと大船に乗ったつもりでいてちょうだい。あ、今、大きな船に乗ってるか。」

二人は声をそろえて笑いました。そして十一月二十日、二人を乗せた船は、横浜港に到着しました。

（ここが日本。わたしの国……）

こうして実に十一年ぶりに、梅子は日本の土をふんだのです。

四　女性の地位

「あっ、繁子！　来てくれたのね。」

まっ先に出むかえたのは、一年先に帰国していた繁子でした。

「梅子、捨松、お帰りなさい。」

「なつかしいわ。元気そうね。」

と、ハグをした繁子の後ろに、見覚えのある顔がふたつならんでいます。

「あのう、お父様、それにお姉様……ですよね。」

梅子の口から出た言葉は、やはり英語でした。父の仙と姉の琴子が出むかえに来ていました。仙は英語が話せるので、梅子が困ることはありません。

「りっぱになったな、梅子。見ちがえるようだぞ。」

「お父様。ただ今もどりました。」

と、ここでもハグ。まわりにいた人たちが、めずらしいものでも見るように二人を見つめます。日本人同士のハグ。たしかにそれは、めずらしい光景でした。

横浜から東京へは汽車で移動しましたが、アメリカの大きな汽車を見慣れている梅子にとってそれは、まるでおもちゃの汽車のように思えます。

「ここがわたしの家ですか？　ぜんぜん覚えていません。」

「そりゃそうだ。我が家は、梅子が留学している間に引っ越しをしたんだから。」

その家は、東京の麻布というところにありました。

「いよう、梅ちゃんかい。大きくなったなぁ。」

「洋服が似合うねえ。さすがアメリカ帰りだ。」

家では、母、七人の弟や妹たち。それにまったく見覚えのない大勢のしんせきたちが梅子を出むかえました。だれもかれもが満面の笑顔です。なのに梅子には、その人たちの言っていることが少しもわかりません。

「あー、梅子は『ありがとうございます。とてもうれしいです』と言っておるぞ。」

仙が通訳をつとめますが、梅子は歓迎の声に日本語で答えることができません。ただだまって頭を下げるだけです。

(わたしは本当に日本語がわからなくなっている。なんとかしなくては。)

日本語が話せなくては、この先、日本で暮らしていくことができません。幸い、女学校を卒業していた琴子も英語を話すことができましたので、父の仙や琴子が少しずつ教えはしましたが、なかなかじょうずに話せるようにはなりません。一方、繁子や捨松はどんどん日本語を思い出していきました。梅子は捨松たちよりも、言葉を覚える能力が低いのでしょうか。いいえ、そうではありません。前に日本を離れたとき、繁子は九歳、捨松は十一歳でした。ところが梅子はわずか六歳。日本語がまだ十分に身につかないうちにアメリカに渡り、そこで十一年間も過ごしたのですから、無理もありません。

ある日、梅子は人力車に乗って外出したのですが、とちゅうで財布を忘れたことに気がつきました。

「プリーズ・ストップ・ザ・カー！（車を止めてください！）」

と、英語で車夫に声をかけました。けれど通じるはずがありません。

「なんだい。何を言ってるんだか、わかんねえよ。」

「アイ・フォーゴット・マイ・ウォレット。（財布をわすれたんです。）」

梅子は一生懸命に、もどってくれるようにたのみましたが、どうしようもありません。そこへたまたま、日本語のわかるアメリカ人女性が通りかかりました。

「ワッツ・ウロング？（どうしましたか？）」

「アイ・フォーゴット・マイ・ウォレット。ソー・アイ・ウォントゥ・ゴー・ホーム。（財布をわすれたので、家にもどりたいのです。）」

事情を車夫に伝えてもらい、このピンチをしのぐことができました。けれどそのアメリカ人女性には、こう言われてしまいました。

「これではまるで、あべこべですね。」

梅子は大きくため息をつきました。

このころ梅子はランマン夫妻にあてて、次のような手紙を書いています。

「日本の柿の味を、ぜひお届けしたいものです。とてもおいしい果物です。お菓子もとてもおいしいものばかりで、ちっともあきません。日本の食べ物はどれも、たいへんにおいしいものばかりで、わたしにぴったり合うようです。ああ、言葉だけがもっと簡単に取りもどせたら……」

この言葉の壁はあまりにも高く、梅子はなかなか日本での生活になじむことができませんでした。

「せっかくアメリカで勉強して帰ってきたのに、わたしには何もやることがないのよ。」

梅子は、アメリカの地でいっしょに学んだ、捨松や繁子と、同じなやみをぶつけ合いました。

「そうね。日本には、女性のための仕事が何もないんですもの。」

繁子がむっとした顔になってそう言うと、捨松も大きな声で続きます。

「それなのに男性の留学生は、ちょっと外国に行って帰ってきただけで、高い位の仕事につくことができるのよ。」

「そんな慣習、変えていかなくちゃだめよ。わたしたち留学生が、女性の地位を高めていく先頭に立って、力を合わせてがんばりましょう！」

三人は三つの手を重ね合わせ、日本の女性の地位を高めていこうとちかい合うのでした。

この「女性の地位の低さ」についての不満は、梅子がランマン夫妻にあてた手紙の中でも、こう書いています。

「（アメリカ男性は）車中では立ち上がって女性に席をゆずるのはふつうのことですし、車に乗るときは女性が先で男性が後に乗ります。東京の市電でもし、男性が立ち上がって女性に席をゆずったら、おかしな光景になります。」

このようないらだちは、父の仙に対しても感じていました。たとえばこんなふうに……。

母が父にお茶をいれることはいつものことで、それは問題ないのですが、時どきこんなわがままを言うのです。

「このお茶はなんだかぬるいな。いれ直してきなさい。」

母がだまってお茶をいれ直してきます。

「今日はこの湯飲みではなく、別の湯飲みで飲みたくなった。」

と、母が台所で別の湯飲みを選んでいると、

「ええい、おそい。もういい。わしは出かけてくる！」

と、どこかへ出かけてしまう。かんたんに言えばこんなぐあいです。

それは梅子に対しても同じでした。父は梅子が自由にでかけることをみとめず、そのくせ、自分の都合で梅子を連れ出しては、「わしの娘の梅子です。アメリカに十一年も留学しましてな」などと、自慢して回りました。まるで、できのよいペットのようなあつかいです。けれどこの父は、西洋の学問や考え方、技術や言葉などを学んだ、日本では進んだ考えの持ち主でした。その父でさえ、このありさまです。ですからふつ

うの日本男性が女性に対してとる態度は、とてもわがままなものでした。自分の考えを一方的に押しつけ、女性の考えなど全く聞こうとしないのです。「女はだまって男に従っていればよい」という考え方でした。ところがさらに大きな問題がありました。そうした男性のわがままを、女性の方も当然のことだと考え、だまってしたがっているということです。この点が梅子の一番理解できないところでした。

「やはり、日本女性の考え方を変える必要があるわ。そのためにも、女性のための学校をつくらなければならない。それがわたしの夢なんだもの。それにわたしはひとりぼっちじゃない。同じ考えの捨松や繁子がいるわ。」

そう、自分を奮い立たせた梅子でしたが、さみしいできごともありました。三人でたがいの悩みをぶつけ合った繁子が、梅子たちが帰国してから何か月もたたないうちに結婚し、その翌年には捨松が、大山巌という位の高い軍人と結婚したのです。

「繁子や捨松には、わたしの力になってほしかった。いっしょに学校をつくってくれると思っていたのに。」

繁子も捨松も、妻という立場になってしまったからには、これまでのように気軽に会って話をすることもできないでしょう。学校づくりに力を貸してもらうこともできなくなるかもしれません。なんだか二人に裏切られたような気がして、梅子はがっくりと肩を落としました。

梅子自身は、日本での結婚を望んでいませんでした。「女性のための学校をつくりたい」という夢のため、というのはもちろんですが、どの家庭を見ても、夫は妻を自分に従わせるだけで、そこに愛情などかけらも感じられなかったからです。

そんな思い悩む日々の中に訪れた一八八三（明治十六）年十一月。あるパーティに、梅子は招かれました。華やかなドレスに着飾った女性たち。きりっとした正装に身を包んだ男性たち。まるでおとぎの国の舞踏会のようでした。そのときです。

「やあ、お嬢さん、お久しぶりですね。」

一人のりっぱな紳士が、梅子に話しかけてきました。そのあごひげをはやした男性の顔を、梅子はしげしげと見つめました。

「ええと、どこかでお会いしたような……」

「伊藤です。伊藤博文ですよ。まあ、わからないのも無理はない。以前会ったとき、あなたはまだこんなに小さかった。」

と、手を低く差し出しました。

「あっ、あのときの！」

ようやく思い出すことができました。そう、この紳士、伊藤博文は、梅子たちがアメリカに向かう船の中で、楽しい旅の話などを聞かせてく

れた、あの男性だったのです。

「あ、あの……。すぐに気がつかず、申し訳ありません。」

梅子は何度も頭を下げました。

「まあまあ、そんなにかしこまらずに。今夜は楽しいひとときを過ごしてくださいよ。」

のちに初代の総理大臣となる伊藤博文と梅子は、こうして再会することになりました。

それからしばらくののち、伊藤博文から父の仙にある申し出がされました。父は、梅子を自分の部屋に呼びました。

「伊藤様が、おまえに英語を教えてほしいそうだ。」

梅子は自分の胸がどきどきと高鳴ってくるのを感じていました。しかし父は、落ち着いた口調で話を続けます。

梅子の気持ちを確かめた父は、すぐに返事を伊藤家に送りました。すると今度は、「伊藤家に住みこんで働いてほしい」という連絡が来たのです。実は伊藤博文は、自分の奥さんや娘に英語を教えてほしいと考えていました。このことについては、母や弟、妹たちが強く後押しをしてくれたこともあり、梅子は伊藤家に住みこむことになったのです。

その後さらに伊藤から、桃夭女塾で英語を教えてほしいという話がありました。桃夭女塾とは、下田歌子という有名な歌人がつくった学校の名前です。

「まるで夢のようなお話です。もちろんお受けしたいと思います。」

ただし条件があって、生徒だけにではなく、下田歌子にも英語を教えてほしい、その代わり、下田歌子が梅子に正しい日本語を教えてくださるというのです。梅子にとっては、ますますうれしい申し出でした。

再びアメリカへ

伊藤博文の家で暮らし始めた梅子は、桃夭女塾で英語を教えたり、伊藤家では奥さんと娘に、英語や西洋風のマナーを教えたりと、楽しく充実した日々を送っていました。それだけではありません。伊藤博文自身も、梅子から学ぶべきことを引き出そうとするのでした。

「梅子さん、あなたから見て、アメリカのすぐれていると思うところはどんなところですか？」

政府の重要人物である政治家が、わずか十九歳の女性に意見を求めるのです。ふつうなら、答えにつまってしまうところでしょう。ところが梅子は、胸を張ってどうどうと答えました。

「アメリカでは、女性が男性と同じように学校へ行き、教育を受けることができます。けれど今の日本の女性は、高い教育を受けることもなく、ただ、男性に従っているだけです。女性も男性と同じ立場で力を出すことができれば、日本はもっと豊かで強い国になれるはずです。」

梅子の話は、次第に熱を帯びてきます。そんな若い梅子の話に伊藤はじっと耳をかたむけていました。

(伊藤様は、未成年の女であるわたしの話を、こんなにも真剣に聞いてくださる。日本の男性にも、こんなにすばらしい方がいらっしゃったのね。)

誠実な伊藤の姿に梅子は、言葉にできない感動すら覚えるのでした。

ある日のこと、梅子は伊藤に自分の胸の内を思い切りぶつけてみました。(この方ならきっと、わたしの考えを真剣に受け止めてくれる。)

「わたしたち留学生は、長い間アメリカに留学し、言葉や文化などを学んできました。なのに、その成果を発揮する場がどこにもありません。わたしたちはいったい、何のために留学していたのでしょうか。」

こんな梅子の話を、伊藤はじっと腕を組みながらだまって聞いていました。

「せっかく留学で身につけたものを、日本では生かすことができません。それはやはり、女性の地位が低すぎるためだと思うのです。」

一度大きくうなずいた伊藤は、ゆっくりと目を開け、こう言ったのです。

「よくわかりました。約束しましょう。わたしはあなたたち留学生の貴重な経験をむだにはしません。」

その言葉の意味するところは、それからまもなくわかりました。なんと、政府が国立の女学校をつくることになったのです。そしてそのために力を注いだのが、伊藤博文でした。

「梅子さん、今日はこの家で華族女学校設立のための会議を開きます。きっとあなたには喜んでいただける会議になると思いますよ。」

それは華族女学校設立に向けて一歩前に進む、という意味だと梅子はすぐに理解します。けれど実はもうひとつ、梅子にとってうれしいハプニングが待っていたのです。

会議の時刻が近づくと、設立委員のメンバーが次つぎと集まり始めます。と、その中に、おどろくような人物がいたのです。

「捨松！　捨松じゃないの。ど、どうしてあなたがここに？」

しかし捨松は小さくひと言、「あとでね」と言ったきり、会議の席につきました。

その会議が終わると梅子は、捨松の手を引いて、自分の部屋に入っていきました。

「いったいどういうことなの、捨松。」

「伊藤様が、『アメリカの大学を卒業したあなたに協力してほしい』と言ってくださったの。そのとき、ふっと梅子と交わした約束を思い出したの。」

「わたしとの約束？」

梅子は「はて」と、両方のほっぺに手を当てました。すぐには思い当たらなかったからです。

「あら、忘れてしまったの？　『わたしたち留学生が、女性の地位を高めていく先頭に立って、力を合わせてがんばりましょう』って、三人の手を合わせて約束したじゃない。」

梅子は捨松の目を、まじまじと見つめました。

(捨松は忘れていなかったんだ。わたしたちのあの日の約束を……)

捨松の話はまだ続きます。

「わたしが設立委員になれば、きっと梅子の夢の実現に役立てる。それが今のわたしが、あなたの力になれる一番のやり方だと思ったのよ。」

その言葉を聞いて、梅子は全身がカッと熱くなるのを感じました。大山巌と結婚してしまった捨松を、まるで裏切り者のように思ってしまった自分が、はずかしくなったのです。政府の重要人物の妻となり、華やかな世界に行ってしまった捨松は、自分との約束など、とうに忘れてしまったにちがいない。そう思いこんでいた梅子の胸は、喜びと申し訳なさとでいっぱいでした。


そしてむかえた一八八五（明治十八）年。皇族や華族の女性が生徒である華族女学校が開校し、梅子はわずか二十歳にして、英語教師としてむかえられることになったのです。

「これでやっと、アメリカで学んだことを役立てることができるわ。」

梅子は、ようやく目の前が明るく開けた気がしました。しかし……。

「いいですか、みなさん。女性も男性のように自立して、力を発揮していかなければなりません。そのためには、もっと自分の考えをしっかりもって、自分の理想に向かってがんばるのです。」

梅子は自分の考えを力説しました。けれど生徒たちは、それをぽかんとした顔で聞いているだけです。

「わかりましたね。それでは英語の授業にもどりましょう。予習はしてきましたね。」

その言葉に生徒たちはみな、うつむいてしまいました。だれ一人として、予習をしてこなかったのです。いつもこんな具合です。

「予習をしてこなければ、授業が進められないでしょう。そんなことだから、男性のように活躍ができないのですよ。」

梅子は少しいらだっていました。そのとき、教室の戸がガラリと開きました。見ると、となりの教室の先輩教員が梅子を手招きしています。

「津田先生。もう少し静かな声で授業をしていただけませんか？　となりの教室まで先生の声がひびいてきて、うちの生徒たちがこわがっていますよ。」

「こわがる？　わたしは予習の大切さをうったえているだけで……」

「それをもっと静かに、やさしく教えてやってください。この学校の生徒は良家のお嬢様ばかりなのですよ。たとえばお人形をかわいがるように、そっとやさしく、おしとやかにお上品にお願いします。」

　梅子は、開いた口がふさがりませんでした。こんなことで、この生徒たちの意識を変えることができるのだろうかと、不安になったのです。

「この学校で教師を続けていても、生徒たちの意識を高めることなんてできないのではないだろうか。自立した女性を育てるなんて、ただの理想に過ぎないのではないだろうか。」

　梅子は自分の夢が、少しずつしぼんでいくのを感じていました。

それからしばらくたったころ、華族女学校で、外国人の教師を招きたいという話が持ち上がりました。梅子はさっそく校長室に飛びこみます。

「校長先生、とてもいい人がいます。アリス・ベーコンという名前のアメリカ人です。彼女は現在、アメリカで教師をしていて、人格的にもすぐれた人物です。」

みなさん、この女性の名前を覚えていますか？　そうです。梅子が十一年間のアメリカ生活を終えて、捨松とともに列車に乗ったとき、二人のつきそいをしてくれた、あのアリス・ベーコンです。

このころ梅子は、ちょうどアリスと手紙のやりとりをしていました。校長の賛成をもらったうえで、梅子がアリスに手紙を書くと、ぜひ日本で教師をしてみたいと返事が来ました。

こうして一八八八（明治二十一）年、アリスは華族女学校の教師となり、梅子といっしょに暮らし始めたのです。

「どう、アリス。授業の方は。」

梅子がちょっと心配そうにたずねます。

「ここの生徒たちって、上品で礼儀正しいけど、自分の考えっていうものがないのね。わたしが質問したり、意見をもとめたりすると、すぐに下を向いてだまってしまうんですもの。」

梅子が最初に感じたことと同じです。

「ねえ、梅子。いっそのこと、この学校をやめてもう一度、アメリカに留学したら？」

梅子の心をゆさぶる提案でした。もう一度アメリカへ……。なんという魅力的なひびきでしょう。実は梅子も、もう一度留学したいと考えていました。けれどこのとき、梅子の脳裏を横切ったのは、国費で留学させてくれた国への恩返しができなくなってしまうという不安と、教師への道を拓いてくれた伊藤博文の顔でした。「伊藤様に申し訳がない」と、とまどっている梅子のようすを見たアリスは、さらに言葉を続けます。

「あなたはアメリカでは、高校までしか行っていないでしょう？　すばらしい能力があるのに、もったいないわ。あなたの夢を実現させるためにも、このままじゃだめだと思うの。」

たしかにアメリカで、より進んだ教育を受けたなら、日本で自分の理想とする女学校を設立するために、多くの人の協力が得られるかもしれない。梅子の気持ちはアメリカへと大きく舵を切っていくのでした。


ところが事は思うように進みません。「費用の問題」があったからです。前回のように国が学費を出してくれる制度はすでになくなっていました。ですから、できるだけ安い学費で受け入れてくれる大学を探す必要がありました。このとき、かげで力になってくれたのが、留学中に梅子の能力の高さにほれこんでいたモリス夫人という女性と、親代わりになってくれたあのランマン夫妻でした。モリス夫人とランマン夫妻の強い後押しによって、ブリンマー大学という大学が、特別に安い学費で梅子を受け入れてくれることになったのです。

こうして一八八九年、二年間の期限つきで梅子の二度目のアメリカ留学が決まりました。それも、華族女学校の教師のままで。おかげで伊藤博文に対する申し訳なさも、かかえこむことはありませんでした。

二本の道

こうしてアメリカに夢をかけた梅子でしたが、決して「アメリカかぶれ」というわけではありません。

ある日、鹿鳴館でダンスパーティがあった夜のこと、きれいなドレスを着飾っておどる生徒たちを見て、梅子はこんなことを感じています。

「日本には着物というすばらしい文化があるのに、洋服を着ればそれで西洋の文化に近づけるなんて大まちがい」と。

梅子は日本の着物をどこの国の服装よりも美しいと思っており、自身も生涯、着物を愛用したほどでした。さらに手紙を巻紙に毛筆で書き、日本の象徴である富士山に登る（当時、女性で頂上まで登る人はほとんどいませんでした）など、日本を愛してやまない女性でもありました。

梅子を受け入れたブリンマー大学では、「ウメコ・ツダを受け入れることは、大学にとっても有意義である」というモリス夫人の言葉もあって、学費と寮費を免除してもらえることになりました。

ブリンマー大学は、設立から四年しかたっていない新しい学校でしたが、優秀な生徒が集まる女子大学でした。また教師も最高のメンバーをそろえた熱気あふれる学校だったのです。特に学部長だったマーサ・ケアリ・トマスは、チューリヒ大学で女性初の博士号をとったほどの人物でした。

「トマス先生、わたしは英語と歴史のほかに、何を研究したらいいでしょう。」

トマス学部長は、即座に答えました。

「ミス・ツダ。あなたは理系（物理学、生物学などの自然に関する分野）の研究をするといいわ。」

このアドバイスもあり、梅子は生物学の研究をすることに決めました。トマス学部長は知っていたのでしょう。梅子が最初の留学のとき、理系の勉強でも、飛びぬけてすぐれた成績を収めていたことを。

会話に不自由のなかった梅子には、すぐに多くの友達ができましたが、中でもアナ・ハーツホンとは不思議な縁で結ばれていました。

「あの……、ミス・ハーツホン。あなたのお父様は、ひょっとして、ヘンリー・ハーツホン先生ですか？」

アナはおどろきました。どうして日本からやってきた梅子が、自分の父の名を知っているのだろうと。

「わたしの父は以前、アメリカに来たことがあります。そこで先生の書かれた医学書を買って帰り、それが日本語に翻訳され、出版されているのです。」

梅子のひと言で、ハーツホンは満面の笑顔になり、二人はすぐに親しくなりました。

けれど充実した日々は矢のように過ぎ去り、約束の二年間があっという間に終わろうとしていました。けれど梅子はまだアメリカで勉強を続けたいと思うようになっていました。そしてもうすぐ帰国というころに、

梅子はトマス学部長からこう切り出されたのです。

「ミス・ツダ。あなたは実に優秀な生徒です。日本へは帰らず、このままこの大学で研究を続けなさい。」

この言葉に梅子はとまどいました。なぜなら自分はあくまで華族女学校の教員であり、そのうえ二年という約束でブリンマー大学に来ている

ブリンマー大学時代。
写真提供：津田梅子資料室

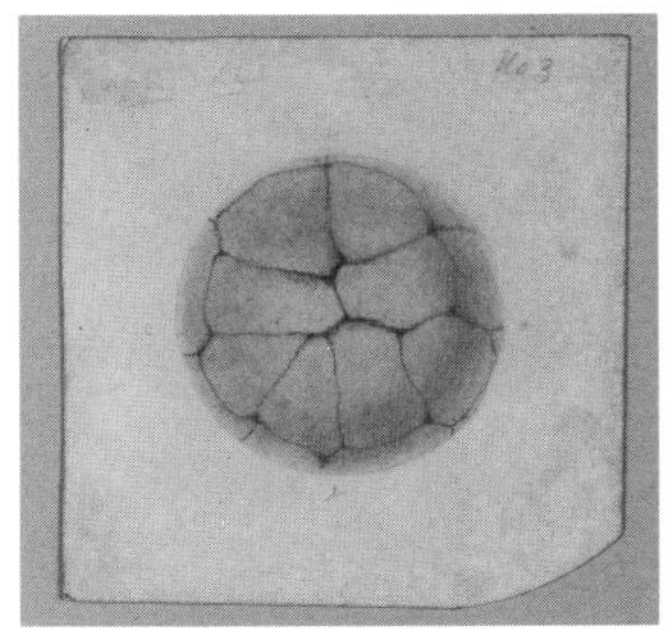

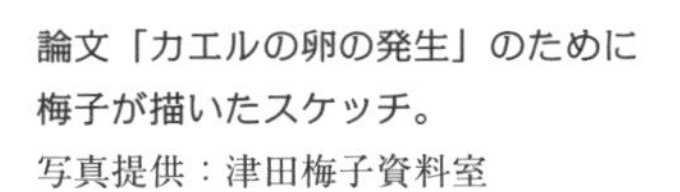

論文「カエルの卵の発生」のために
梅子が描いたスケッチ。
写真提供：津田梅子資料室

からです。そのことを告げるとトマス学部長はこう言いました。

「わかりました。それならわたしから、日本の華族女学校にお願いしてみましょう。」

それほどまでにして、学部長は梅子を引き留めたかったのです。

この願いは聞き入れられ、梅子は一年間の留学延長を認められました。梅子は、新たにブリンマー大学にやってきたモーガン教授といっしょに、「カエルの卵の発生」というテーマで研究を進め、すぐれた論文を書き上げました。その論文はとても高く評価され、トマス学部長の心を強くゆさぶったのです。ある日学部長は、梅子を学部長室に呼びました。

「すばらしい論文でした。あなたはアメリカでりっぱな科学者になれるでしょう。そのためなら、わたしも大学も精一杯の応援をします。」

科学者への道……。それはとてもやりがいのある、魅力的な仕事だと思いました。けれど自分には、日本の女性のための学校をつくるという夢もありました。科学者と教育者。今、梅子の前には二本の道が示されています。どちらの道も捨てがたい。

「すみません。少し、考える時間をください。」

すぐには結論を出せません。そして数日が過ぎ、心を決めた梅子は、学部長室のドアをたたきました。

「申し訳ありません。わたしはやっぱり、日本に帰ります。」

それを聞いたトマス学部長の表情が、みるみるこわばっていきます。

「な、なんということを！　あなたには科学者としての、かがやかしい道が開けているのよ。それを捨ててしまってもいいというの？」

その声がかすかにふるえています。学部長は、梅子ならきっと世界的な科学者としてかつやくするだろうと、大きな期待をいだいていたからです。しかし梅子はきっぱりとした声で言いました。

「トマス先生には、いくら感謝してもしきれないほどです。けれどわたしには、長い間いだき続けてきた夢があります。それが、日本の女子教育のために、いのちをかけるということなのです。どうかお許しくださ
い。」

深々と頭を下げる梅子。けれど学部長の険しい表情は変わりません。

「わかりました。あなたの好きになさい。その代わり、二度とわたしの前には現れないで。そのような恩知らずの顔など、見たくもありません。」

梅子はもう一度、深いおじぎをして部屋を出ました。なんともいえない重苦しさが、梅子の胸をしめつけます。まさかこんな、けんか別れのような結末になるなんて。それでも梅子は、前に進むしかないのです。日本の女子教育の、暗くてかたいとびらをこじ開けるために。

学校を開く

一八九二（明治二十五）年、梅子は日本に帰ってきました。そして再び華族女学校の教師として生徒の前に立ったのです。

「こんなとき、トマス先生だったら、どうやって教えるかしら。」

「モーガン教授は、考える時間をあたえてくれたわ。」

梅子は、二度目の留学での経験を生かそうと意識して授業を進めました。「生徒のやる気を出させる教え方をする」それがアメリカで学んだことのひとつでした。その成果は少しずつ現れ、生徒たちは次第に自分から質問をしたり、意見を述べたりするようになりました。

そんなある日のこと、日本政府から梅子にこんな連絡が入りました。

「今度、アメリカのデンバーで『万国婦人連合大会』に、日本代表として出席し、そこでスピーチを行ってほしい。」

快く引き受けた梅子は、三度目のアメリカに向けて旅立ちました。

「日本の女性の教育は始まったばかりです。日本の女性が教育の大切さに気づき、自信をもって社会に飛び出してこそ、男性と協力して豊かな国づくりができるのです。そうしていくことでいつか、日本の女性の地位は向上し、世界の発展に役立つ力となることでしょう。」

三千人の聴衆から、いっせいに拍手がわき起こります。着物姿で流ちょうな英語のスピーチを行った梅子に対するスタンディング・オベーションが止まりません。そのとき梅子は日本のみならず、世界的な女性教育のリーダーへの一歩をふみ出したのです。その広い会場の片隅で、ひとり感動の涙を流す女性がいました。それは梅子に、「恩知らず」と言った、あのトマス学部長でした。

スピーチを終えた梅子は、急いでワシントン北西部の街ジョージタウンに向かいました。そこに、アメリカの実家ともいえるランマン家があるからです。

「お帰り、梅子。まあまあ、りっぱになって。」

ランマン夫人は、なつかしそうにハグをしました。ああ、この場に夫であるチャールズが同席していたら、どんなに喜んだことでしょう。けれどチャールズは三年前にこの世を去っていました。

「すばらしいスピーチだったそうね。評判は聞いているわ。」

けれど梅子の表情は、どこかさえません。

「スピーチではえらそうなことを言ったけど、わたしはまだ学校をつくることができないんです。」

梅子の夢はあくまでも、自分の学校をつくり、理想とする女子教育を進めることです。ただひとくちに「学校をつくる」といっても、それには多くの資金が必要になります。もちろん梅子には、そんなお金など、どこにもありません。それが原因のひとつとなって、自分の夢をなかなか実現できないことに、はがゆさを感じているのでした。夫人はそんな梅子の気持ちをそっと包みこむように、やさしく肩をだき寄せるのでした。

それから数日後、梅子の生き方に大きな影響をあたえる出来事がありました。ヘレン・ケラーと会うことになったのです。ヘレン・ケラーは、幼いときの病気が原因で、目が見えず、耳がきこえず、しゃべることもできない「三重苦」と言われる障害をもってしまいました。けれど血のにじむような努力によって、多くのことを成しとげ、自らの生き方を通して世界中の多くの人に希望をあたえ、のちに「光の天使」とも呼ばれた女性です。

「ようこそ、ミス・ツダ。あなたのうわさは聞いていますよ。」

「ありがとうございます。お会いできて光栄です。」

これが初対面の二人ではありましたが、たがいに力強く前に進もうとしている女性同士です。心をつなぐ糸は、一瞬にして結ばれました。

別れ際、ヘレンは一通の手紙を手渡しました。そこには

「あなたの成功を心からお祈り申し上げます。」

と、書かれていました。みなさんは不思議に思いませんか？　目の見えないヘレンが、どうやって手紙を書くことができたのか。それはヘレンが家庭教師のサリバン先生と考え出した独特な方法でした。目の不自由なヘレン・ケラーでも、こうして手紙を書くことができることを知り、梅子は「できないとはじめから決めつけるのは、おろか者のすることだ

わ。わたしだって、いろいろな方法を考え、試してみればきっと道は開けるはず」と、強い気持ちを取りもどしたのです。

その年の冬、イギリスの有力な女性たちから梅子に、「イギリスの教育を見て回らないか」という誘いがありました。それを受けた梅子は、喜んでロンドンに向かいました。イギリスは教育の面でも、当時の日本よりずっと高度な制度をもっていましたので、参考になるところはたくさんありました。

けれど、梅子がイギリスに渡ってもっとも心に残ったこと、それは、あのナイチンゲールと会って、話をしたことでした。フローレンス・ナイチンゲール。一八二〇年に生まれたイギリスの看護師です。クリミア戦争という戦争のとき、身の危険もかえりみず、傷ついた兵士の看護にあたり、「クリミアの天使」と呼ばれたのは有名な話です。しかし、彼女の本当の功績は、不潔でいやしい仕事とみられていた看護師の仕事を改革し、近代化の基礎をつくったことでしょう。女性に対する教育の大切さをうったえ、近代的な看護法のもとをつくったことは、多くの人の女性に対する意識を変えました。そのことを梅子はもちろん知っていました。

「初めまして、ミス・ツダ。お願いがあります。日本の女性について聞かせてください。」

尊敬するナイチンゲールからそう言われ、梅子はすっかり緊張してしまいました。なにしろ目の前にいるのは、「女王陛下よりもお目にかかりたい人」と思っていた人物なのですから。

「は、はい。日本の女性の地位はとても低く、まともに教育も受けられません。なのに、それが当たり前だと思っている女性が多いのです。」

するとナイチンゲールは、かすかな笑みをうかべて言いました。

「イギリスもほんの四十年ほど前までは日本と同じでしたよ。あなたのような女性が立ち上がっているのなら、日本もきっと女性の地位は上がることでしょう。」

そう言って、部屋に飾ってあった花束を梅子にプレゼントしました。

梅子はその花を押し花にし、日本に持ち帰りました。このナイチンゲールとの出会いは、梅子の日本の女性に教育を広めるという決意を、さらに強くしていったのです。


イギリスから帰った梅子は、ブリンマー大学時代の友人たちに、手紙を書きました。「わたしは日本で女子のための学校をつくるつもりです。しかし、そのための資金が足りません。なんとか寄付をお願いできないでしょうか。」

梅子は日本で寄付を集めることは難しいと思っていました。なぜなら日本ではまだ、レベルの高い教育を受けた女子がほとんどいないからです。教育の大切さをわかってくれるのは、日本よりもアメリカだと考えたのです。

梅子の呼びかけにまっさきに応じてくれたのが、モリス夫人です。

「みんな、ウメコが日本で学校をつくるのよ。少しずつでも寄付をしてちょうだい。それから知り合いにどんどん呼びかけて。」

そのおかげでたくさんの寄付が集まり、さらには「フィラデルフィア委員会」と名付けられた梅子の後援会まで設立されたのです。フィラデルフィアとは、ブリンマー大学のある土地の名前です。

そうしたある日のこと、梅子は華族女学校の校長室にいました。

「まさかうそでしょう、津田先生。」

「すみません。本気なのです。この学校を辞めさせてください。」

校長先生の目は、まん丸になりました。

「この学校の先生は、女性として最高の給料をいただいているのですよ。それに、こんなに名誉な仕事はないんです。そこのところ、わかっていらっしゃいますか?」

当時、華族女学校の教授は年に八百円という、とても高い給料をもらっていました。同じころ、飛びぬけて高い給料だった国会議員が、年に二千円。これをみてもまだ若い、それも女性の給料が八百円というのは、ほかの職業では考えられないほどの高給だったのです。それだけではありません。華族女学校の教授といったら、だれからも尊敬を受けるような、社会的地位の高い職業です。そのどちらをも、なげうってしまおうというのです。

「はい、よくわかっています。でもわたしはやっぱり、自分の学校をつくりたいのです。」

「何を好き好んで、そんな無茶をするんでしょうかねぇ。」

と、いくら校長先生があきれようと、梅子の気持ちは変わりません。

もちろん、父の仙にも打ち明けました。さすがの仙も、これにはびっくり。

「なんとまあ、もったいない……」

けれど梅子の話を聞くうちに、おどろきは次第に心配へと変わっていきました。

「おまえがやりたいのなら、精一杯がんばるがいい。ただし、教育と経営とはちょっとちがうぞ。」

たしかに梅子は、教育に関しての経験は十分です。しかし、学校を設立し、続けていく経営ということはまったく初めてです。

「わしが学農社の経営に失敗したのは、資金繰りがうまくいかなかったせいだ。金はどうするんだ、金は。」

ここで梅子は、フィラデルフィア委員会の話をしました。すると父は、ひざをポンとたたいてすわり直しました。

「なんと、アメリカさんがそこまでやってくれるとな⁉ いやあ、梅子はたいしたもんだ。そんなにたくさんのアメリカ人に好かれておるとは、こりゃきっとうまくいく。わしが太鼓判を押す！」

こんな具合で、父も梅子の決心に賛成してくれたのでした。


こうしてその年の七月、梅子は華族女学校を退職しました。そしてすぐに、学校づくりの準備に取りかかりました。校舎のための資金は、フィラデルフィア委員会からの寄付が役に立ちましたが、それだけでは足りません。そんなとき、たのもしい友人たちが立ち上がりました。

「梅子、やっとこのときが来たのね。わたしたち、喜んで協力させてもらうわ。」

捨松と繁子です。二人は資金集めに力を貸してくれました。特に学校の役員まで引き受けてくれた捨松の力は、大変に大きなものでした。なにしろ捨松の夫は、だれもが知っている国の重要人物です。ですから、学校の信用は高まり、人びとの関心を集める結果となったのです。

梅子は、アメリカの友人や協力者たちにも退職の報告と決意表明の手紙を出しました。

アメリカ時代の友達から、はげましの手紙が続々と送られてきます。

「みんな、わたしのことを覚えていてくれたのね。あっ、フィラデルフィア委員会からも来ているわ。」

それは、寄付金がまとまったので送金をした、という連絡でした。なんというありがたいことでしょう。日本という異国から来た一人の女性のために、アメリカ人の仲間たちが力を合わせているのです。そしてもう一つ、梅子の心を大きくゆさぶる手紙がありました。

「えっ、トマス先生……」

そうです。ブリンマー大学で学部長をしていた、マーサ・ケアリ・トマスからの便りだったのです。あのトマス先生から、いったいどのような手紙がとどいたのでしょう。梅子は封を切りました。

「ごきげんよう、ミス・ツダ。いよいよ夢の第一歩をふみ出しましたね。これから多くの困難があなたを待ち受けているかもしれません。でもわたしは、それほど心配していませんよ。あなたがどれほどの努力家で、豊かな才能を持った女性なのか、それはわたしが一番よく知っています。あなたがわたしの教え子だったことを、今は、ほこりに思っています。」

この手紙を読み終えた梅子は、こみ上げてくる涙を止めることができませんでした。

一九〇〇年九月、多くの人びとの協力を得て、ついに日本で最初の、女性の高等教育のための私立学校、女子英学塾が開校しました。

八 最初の五人

「女性に教育は必要ない。そうした古い考えがいかにまちがったものであるか。それをここにいるみなさんが、証明してほしいのです。この塾でしっかりと学べば、みなさんも男性と同等の実力が身につきます。これからの世の中は、女性と男性が力を合わせて、よりよい国づくりをしていく時代になるのです。」

一斉にわき起こる拍手、紅潮した頬。せまい会場に集まった若い女性たちは、熱い視線を壇上に立った梅子に送っていました。東京の一番町に開校した「女子英学塾」は、若い熱気に包まれました。

古い民家を借りた校舎に、生徒数はわずかに十名。いくらフィラデル

最初の校舎での記念写真。　写真提供：津田梅子資料室

のちに五番町に移転した校舎。　写真提供：津田梅子資料室

フィア委員会からの寄付があるといっても、ギリギリの経営です。それに梅子たちは、生徒から支払われる授業料を、できるだけ安くしたいと考えていました。ですからぜいたくはできません。

「りっぱな校舎や教材がなくても、教師の熱意とみなさんのやる気があれば、きっとよい教育ができる。つまり、男性と同じように実力を身につけることができるのです。」

梅子の力強い言葉に生徒たちは、「この学校でしっかり学んでいけば、必ず社会の役に立つ女性になれる」と確信したのでした。

その代わり、授業の内容は厳しく、真剣そのものでした。いい加減な気持ちではとてもついて行くことができなかったため、生徒たちはみな熱心に学んだのです。教師は梅子とアリス・ベーコン、ほか数名でした。

以前にも紹介しましたが、梅子は日本の着物が一番豪華で美しいと思っていました。アメリカで、どれほどきらびやかなドレスを見ていても、やはり着物の美しさにはかなわないと思っていたようです。ですから、英語を教えるときも着物姿でした。梅子自身、日本の宮中での服装が西洋風であることについて、「日本の着物はすてきなのに、自分の国のよいものまで、放り出してしまうのです」と、何でも洋物がいいという考え方をなげいています。けれど、日本の女性の地位の低さや、教育のおくれなどには厳しい目を向けていますし、アメリカのいいところ、また反対に気になるところなども素直に文章にし、言葉にしています。アメリカだろうと日本だろうと、いいものはいい。だめなものはだめと判断します。つまり、実に公平で冷静なものの考え方ができる人物だったのです。

梅子の授業はとても厳しく、少しでも英語の発音がちがっていると、何度でも言い直しをさせました。授業中の意見はすべて英語で行い、作文ももちろん英語です。予習をしっかりしてこず、授業についてこられない生徒は厳しくしかりました。それでも学校の評判は高まる一方で、開校からわずか半年後には、生徒数が三倍以上にもなりました。当然、校舎はせまくなり、まもなく広い建物に移ることになりました。しかし校舎として使うその建物は古くて今にも倒れそう。近所の人たちが「お化け屋敷」と呼んでいたほどのオンボロでした。

とにかくお金がありません。そのため、梅子とアリス・ベーコンは給料をもらっていませんでした。二人は生徒たちとともに学校に住みこみ、まるで大家族のような生活を送っていたのです。そうして二年の間、梅子といっしょに働いたアリス・ベーコンが、帰国することになりました。

「ウメコ、女子英学塾はすっかり軌道に乗ったわ。もう、わたしがいなくてもだいじょうぶ。」

そんなアリスを、引き留めることはできません。彼女は給料を受け取らないばかりでなく、「住まわせてもらっているのだから」と、学校への家賃まで支払っていたのです。梅子は女子英学塾のほかに、女子高等師範学校という学校でも教え、そこでの収入を学校の経営にあてていましたが、アリスもまた、女子高等師範学校にも勤めていて、そこでもらう給料を家賃などにあてていました。

「ありがとう、アリス。あなたのおかげで、ここまでなんとかやってこられたわ。」

二人はかたくだき合い、別れを惜しんだのです。そのアリス・ベーコンと入れ替わるように、今度はブリンマー大学からの親友であるアナ・ハーツホンが来日し、アリスのあとを引き受けてくれました。

ここで、梅子の授業のようすをちょっとのぞいてみましょう。梅子はとても厳しい教師といわれていましたが、いったいどんなところが厳しいというのでしょうか。

生徒たちがグループになって、意見を出し合っていたときのことです。いきなり梅子が一人の生徒のところへやってきて、机をバンバンたたきながら言いました。

「あなたは今の意見を、深く考えて言ったの？　あなたの言葉からは、真剣さが感じられません！」

その勢いに、ほかの生徒たちは凍り付いたように動けなくなりました。

またある生徒が、いいかげんな訳しかたをしたときです。梅子は手元の辞書をその生徒に投げつけて大声で言いました。

「何ですか、その訳は。その辞書を引いて、ちゃんと訳しなさい！」

さらに英語の発音がちがっているときは、その生徒の机までいって、「ノウノウ、ワンスモア！（だめだめ、もう一回！）」と、何十回でも発音させました。

こんな厳しい梅子について行けず、学校をやめていく生徒もいました。けれど、そうした生徒よりも、「先生が厳しいのは、熱心に、命がけで教えてくださっているからだ」と、思っている生徒の方がはるかに多かったのです。その生徒たちは、梅子のやさしい一面もよくわかっていました。

ある日のこと、雪で電車が動かなくなり、困っている生徒がいたとき、梅子はその生徒を家に招き入れ、温かい飲み物をあたえました。また卒業式の前日、のどを痛めて学校を休んだ生徒を心配して、人にたのんで、ようすをみてもらったこともありました。大切な英語の試験がある日に、熱を出して登校できない生徒がいたとき、自分の部屋に呼んで試験を受けさせ、落第しないように気を配ったこともありました。お小遣いが少なくて、さみしい思いをしている生徒の親に、「もう一、二円、お小遣いを足してあげてくださいませんか」と手紙を書いたりもしたのです。

梅子は生徒と寝食を共にしていましたので、夜になるとみんなを集めて部屋を暗くし、おばけの話をして生徒たちをこわがらせて喜ぶという、子どものようにお茶目な面もあり、こうした一面からもしたわれる教師だったのです。


一九〇三（明治三十六）年四月。第一回の卒業生として送り出した八人は、英語教師になる試験を受けました。女性が合格したことは、ただの一度もない、超難関の試験です。その合格発表の日、梅子はそわそわと落ち着かないようすで、部屋の中を歩き回っていました。

「一人でも合格者が出るといいんだけど……」

もし、だれも合格できなければ、「やっぱり女子には無理だ」「それ見たことか。女子に教育などいらないと言っただろう」などと、かげぐちをたたかれ、女子英学塾の評判も下がってしまうでしょう。そうなれば、梅子が長い間いだき続けてきた夢は、もろくもくずれ去ってしまうかもしれません。

「先生！　津田先生！」

合格発表を見に行った生徒たちがもどってきました。

「どうだったの？」

梅子がおそるおそるたずねると、こんな答えが返ってきました。

「五人、合格しました！」

「まあ、五人も！　やったわね、あなたたち。おめでとう！」

なんと、八人のうちの五人が試験に合格したのです。でも梅子は、合格できなかった三人の努力も忘れていませんでした。

「あなたたちもよくやったわ。今まで勉強してきたことは、けっしてむだにならないから大丈夫。」

そう言って三人を、強くだきしめるのでした。

「そうだわ。すぐに捨松にも報告しなくちゃ。アリスにもトマス先生にも。それからフィラデルフィア委員会のみんなにも、ランマン夫人にも手紙を書こう。」

梅子の頭には、この日のためにお世話になったたくさんの人びとの顔が、次つぎとうかんできました。

合格した五人には、英語教員の資格があたえられました。もちろん、日本で最初の女性英語教員です。さらに二年後には、女子英学塾の卒業生は、試験を受けなくても英語教員の資格があたえられるようになりました。それほどすぐれた教育をしている学校だと、国に認められたのです。

九

おとろえていく体

しかしこのころから、梅子はぜんそくがひどくなるなど、体調をくずすことが多くなっていきました。

「これまで働きづめだったからね。」

「そうよ。少し休みなさい、というメッセージよ。」

友人たちが口ぐちにそうすすめます。梅子はそのすすめを聞き入れ、一年間のお休みを取ることにしました。一九〇七（明治四十）年、梅子四十二歳のことでした。

静養のために向かったのがアメリカです。なつかしいブリンマー大学、フィラデルフィアを訪ね、学校設立のときのお礼を述べて回りました。

そのほか、ロサンゼルス、ニューヨーク、ワシントンなども訪れました。

ワシントンでは、思わぬ話が飛び出しました。日本で女子教育の大切さをうったえ続け、実践している女性として、アメリカ第二十六代大統領セオドア・ルーズベルトから、ホワイトハウスに招かれたのです。梅子はそこを着物姿で訪問しました。

「それは、日本のドレスですね。なんと美しい。」

ルーズベルト夫人は、思わず声をあげました。

「はい、これはキモノと言って、日本がほこる大事な文化のひとつです。」

アメリカ大統領夫人の目の前で、自国の文化のよさを口にする。そんな梅子の芯の強さに、夫人はすっかり感心しました。また、少しおくれてやってきた大統領に対しては、大統領が日本の武士の話『赤穂浪士』を読んで興味をもっていたので、日本人の忠誠心について話しました。

そして、

「『英語をとおして世界に目を向けられる人間を育てる』という理想をかかげると同時に、『英語がじょうずに話せる、ということだけに熱中せず、広い考えを持って行動することのできる女性になりなさい』と学生に教え、はげましています。」

と、日ごろどのような考えで学生と接しているかについて、どうどうと話しました。

その後、梅子はヨーロッパへ渡り、静養を続けました。そのかいあって少しずつ健康を取りもどし、帰国してからは再び、教育への情熱あふれる毎日を送るのでした。

わずか六歳にして、アメリカへ留学した梅子でしたが、後日、こんな言葉をもらしています。

「わたしは本当は、アメリカなんか行きたくなかった。遠い知らない国に行くのが怖かった。怖くてたまらなかった。それでもがまんして船に乗ったんです。向こうでだって、つらいことを山ほどがまんしてきたんです。立派になって帰ったら、父上が喜んでくれると信じて。」

「こわくてたまらなかった」。これは六歳の少女としての本音でしょう。それでも、「立派になって帰ったら、父上が喜んでくれる」と信じて、アメリカへ向かったのです。このことから、梅子がいかに父・仙を信頼し、尊敬していたかをうかがい知ることができます。

その仙は、一八三七年八月、佐倉藩（いまの千葉県佐倉市）の藩士の家に生まれ、外国語をはじめとした西洋の学問を学びました。江戸幕府の使節団の一員としてアメリカに渡った仙は、帰国したのち、農業ばかりでなく、女子小学校の創立に協力したり、出版社を開業したりもしました。梅子が岩倉使節団に同行して留学したのも、これを企画した黒田清隆と仙との縁からなのです。明治の中ごろに大きな問題となった「足尾銅山鉱毒事件」では、現地へ調査に出かけ、その惨状を目撃します。その後、田中正造たちと演説会を開き、「国家的大問題」であり、「人権上の大問題」でもあるから、鉱業停止を命令するのは当然である、と強くうったえました。このように正義感あふれるエネルギッシュな人物でしたが、自宅に子どもたちを集めてお菓子をふるまうなどの、やさしい一面も持ち合わせていました。

一九〇八（明治四十一）年の四月末、一人の老人が品川駅から横須賀線に乗りました。汽車は終点の横須賀に着き、乗客はすべて降りてしまいました。ところがその老人がいつまでも列車の片すみで寝たままだったのです。

「もしもしお客さん。終点ですよ。」

そんな車掌の言葉にも返事は返ってきませんでした。それは、座席にすわったまま息を引き取った津田仙、最期の姿だったのです。七十年間の波乱に満ちた人生でした。

このように強烈な人生を送った父から、梅子は大きな影響を受けていました。未知の世界へ進んで飛びこんでいく勇気。立場の弱い者のために、権力に立ち向かう人間愛。世界に目を向けた日本人でありたいとする広い視野……。いっしょに生活した期間は短かったのかもしれませんが、梅子は確かに父の背中を見て育ち、父の後を追って生きぬいたと思えます。


女子英学塾は、順調に成果を上げていきました。とうぜん評判はいっそう高まり、学生の数もふえていきました。

梅子自身も、一九一三年にはアメリカへ行き、世界キリスト教学生大会に出席するなど、熱い心をもち続けていました。なにもかもが順調に進んでいる……。そのはずだったのに、梅子の体調はますます悪くなっていきました。検査をすると、糖尿病という、とても重い病気であることがわかったのです。

「少し入院して、治療に専念しましょう。」

医師は真剣なまなざしでそう言いました。一九一七（大正六）年の五月、梅子は入院することになりました。

毎日毎日ベッドの上にいても、気になるのは学校のことばかり。

「日本の女性たちのために、わたしがやるべきことはまだまだたくさんある。なのに、こんなところで寝ていることしかできないなんて、なんと情けない。」

梅子はベッドの上で、これまで教え子たちにうったえ続けた言葉を思い出していました。ふとうかんだのが、一九一三（大正二）年、女子英学塾の卒業式で行った自身のスピーチでした。

「この学校（女子英学塾）に限らず、他のどの学校においても、学校だけでみなさんの未来に起こるすべてのものを解決する力を完全につけてあげることはできません。一人ひとりの人生の航路には、ひとりで立ち向かわなければならない、それぞれの困難と問題があります。教師であるわたしたちは、あらゆる面において、みなさんを助ける努力をしてきました。しかし将来はみなさん自身が決めるものです。」

梅子は自分がそうしてきたように、自分の人生は自分の力で切りひらいていくのだということを伝えたかったのです。

どれほど志が高くても、形あるものにはいつか終わりが来ます。梅子が入院した翌年の一九一八（大正七）年、恩人であり友人でもあった、アリス・ベーコンがこの世を去り、さらに一九一九（大正八）年には、同志ともいえる捨松が他界しました。

そんな悲しい出来事が続いた直後の一九二三（大正十二）年九月一日、

関東大震災で焼けてしまった校舎。　写真提供：津田梅子資料室

再建していくようす。
写真提供
津田梅子資料室

関東地方を巨大な地震がおそいました。

けれどこの大災害の中でも、梅子は自分が日本人であることの誇らしさを感じていました。

話は少しずれますが、江戸時代の日本、特に江戸の町は大火の連続で、すっかりやけの原になってしまうような大火事が何度もありました。けれど日本人はそのたびに立ち上がり、やがて当時世界最大の都市として復活していった歴史があります。だれを非難するわけでもなく、もくもくと前を向いて立ち上がる。そんな日本人の心が梅子の中にも受けつがれていたのでしょう。

関東大震災によって、女子英学塾の校舎は全焼してしまいました。けれど梅子は、けっして取り乱したりすることはありませんでした。

なぜなら以前から生徒たちに、「りっぱな校舎があればいい教育ができるわけではありません。大切なのは熱意と向上心なのです」と、くり返し言い続けてきたからです。つまり、「目に見える形のあるものは焼けてなくなってしまったとしても、人間の中で育てられたものは決してなくならない」という強い信念を梅子がもっていたということなのです。

とはいえ、校舎がなくては教育を続けることはできません。けれど病気療養中の梅子にできることは限られていました。

「こまったわ。なんとかして資金集めをしなくてはいけないけど、わたしがこんな体では何もできないし……」

そのとき、立ち上がってくれたのがアナ・ハーツホンでした。

「ウメコ。わたしが学校再建のために、アメリカで募金活動をしてくるわ。どれだけ集めることができるか不安だけど。」

（うれしい。うれしいけれど申し訳がない。こんなに大変な活動を、アナに任せてしまっていいのだろうか。）

すでに梅子には、自分でアメリカに渡って募金をお願いするだけの健康と体力は残っていませんでした。けれどアナだって、もう若いわけではありません。梅子よりも五歳年上の六十三歳です。それでもアナはアメリカにもどりました。新たに組織した委員会の協力を得て、二年半で新校舎を建設するだけの資金を集めたのです。その間、教師たちはほかの学校の校舎の一部を借りるなどして、授業を続けました。「りっぱな校舎があればいい教育ができるわけではない」という、梅子の言葉が教師たちの心のささえでした。

昨夜は嵐

一九二八（昭和三）年に東京都小平村（いまの小平市）に新校舎を建設する、という計画がスタートします。実は以前からあった計画なのですが、関東大震災で立ち消えになっていたのです。

「とても広い土地だわ。ここに新しい校舎が建つのね。」

梅子は弱った体を学校の職員にささえられながら、建設予定地を見回していました。（おそらく完成した姿を見ることはできないだろう）と、心のどこかで思いながら……。

一九二九（昭和四）年七月、梅子は住まいを鎌倉の別荘に移します。

そこでできることといえば、読書をするか編み物をするかのどちらかです。梅子は籐のいすに深く身をしずめ、自分の人生をふり返りながら、一目一目、針を進めていました。

梅子の過ごした別荘は、目の前に稲村ケ崎の海が広がり静かな波の音と湘南の風が心地よい住まいです。

「きれいだわ。なんておだやかな海なんでしょう。」

青い海を渡ってくる潮風が、梅子の全身をかけぬけます。

「わたしの人生で、今が一番おだやかなときかもしれないわねぇ。」

その前の年には、繁子までもが他界しました。梅子の全身を言いようのないさびしさが包みこみます。

「みんな、ありがとう。あなたたちのおかげでいい人生を送らせてもらったわ。」

一九二九（昭和四）年八月十五日。その日の夜、鎌倉には嵐がごうごうとふき荒れていました。その音になかなか寝つけない梅子。頭の中に、なつかしい顔が次々とうかんできます。父母、伊藤博文、ランマン夫妻、アリス・ベーコン、アナ・ハーツホン、捨松、繁子、ヘレン・ケラー、そして……。

ふと目をあけると、朝の光がカーテンのむこうに訪れていました。鳥の声も聞こえます。

梅子は机の上の押し花に手をのばしました。尊敬するナイチンゲールからもらった花を押し花にしたものです。

「ありがとうございました。ミス・ナイチンゲール。」

その日、八月十六日。梅子は静かに六十四年の生涯を閉じました。最後の日記に記された言葉は、たった一行、英語で「昨夜は嵐」。

まさに、梅子の人生をあらわした言葉でした。

新校舎は、梅子の死後三年ののちに完成し、学校の名も「津田英学塾」となりました。この学校は一九四八（昭和二十三）年に「津田塾大学」となり、現在にいたっています。

津田塾大学の正門に立つと、正面に「ハーツホン・ホール」と呼ばれる本館があります。次に中へ入ると、右手に「津田梅子記念交流館」、左手にある図書館内には「津田梅子資料室」があります。そして最も奥まった場所には、梅子のお墓があります。梅子は生前、「わたしのお墓は小平のキャンパスに」と口にしていました。ひっそりとした墓所の近くには、何本かの梅の木があり、毎年春が近くなるときれいな花をさかせ、青い実をつけます。

梅子は学生たちに、こんな教えを残しています。

「まかれた種は、豊かに実りをつけねばならないことを心得てください。」

梅子の「梅」は、今でもそれを教え続けているようです。

おわりに

山口　理

津田塾大学のキャンパスを歩いていると、とてもさわやかな気分にひたることができます。広い芝生の横にはいくつものベンチがあり、女子学生たちが楽しそうに語り合っています。青い空を映し出す池には小鳥たちが集まって、水浴びをしています。広さは約九万平方メートル。これは東京ドームのおよそ二倍！　古い民家から始まった女子英学塾とくらべたら、まったくの別世界です。梅子が見たら、どう思うでしょうか。

この広いキャンパスは武蔵野の面影を残していて、散策をするのにぴったりと言えそうです。

でも……。おや、何かがちがう。多くの大学に見られる、「あるもの」がないのです。それは、「創立者の銅像（胸像）」。有名なところでは、早稲田大学には大隈重信。慶應義塾大学には福沢諭吉。北海道大学にはクラーク博士。法政大学にはボアソナード博士。明治大学になると三人もの銅像。関西大学には筆者の知っているだけで四人の銅像がありま す。大学には、創立者や功績のあった人のりっぱな銅像があるもの。そう思いこんでいました。

ところが、津田塾大学にはそれがないのです。津田梅子の銅像は、どこにも見当たりません。いえいえ、ないのはそれだけではありません。なんと、みなさんの学校にもおそらくあるでしょう校章や校旗もないのです。さらにはお説教じみた校訓（学校のルール）もないのです。

梅子は、「男性と協力して対等に力を発揮できる、自立した女性の育成」を目指して、女子英学塾を創立しました。つまり、自分の生き方は自分で決めるという、自主性を育てることを目標としたのです。校章も校旗も校訓も。さらには創立者の銅像すらつくらないという津田塾大学の校風は、まさに梅子が目指した理想を象徴していると思うのです。

それにしても梅子という女性は、つくづく不思議な人物です。「あまりにも人びとに恵まれすぎる」からです。

それは幼いころから、人生を終えるそのときまで続きました。伊藤博文、ランマン夫妻、捨松、繁子、マーサ・ケアリ・トマス、森有礼、アリス・ベーコン、モリス夫人、アナ・ハーツホン……。よくもまあ、これだけ次々と梅子を助ける人びとが出現するのか、不思議でしかたありません。けれど決してぐうぜんではないと思うのです。まわりの人がこれだけ助けてくれるということは、梅子がまわりの人びとに、それだけのものをあたえ続けたからだと思えてなりません。

女子教育への熱い思い。それは多くの人びとにささえられ、花開くことができました。それはまわりの人たちに注ぐ、梅子の思いやりによって成しとげられた姿だとわたしは思っています。

最後に梅子の残した言葉を書き記しておきます。

環境より学ぶ意志があればいい

津田梅子

資料（しりょう）

津田梅子（つだうめこ）

梅子をとりまく人びと

梅子をささえた恩人や友人、梅子が尊敬する人たちを紹介します。

新しい日本をつくる人たち

岩倉使節団

一八七一年～一八七三年

藩をなくし全国を統一した廃藩置県の中心となった岩倉具視が特命全権大使となり、一年半におよぶ視察をおこなった使節団。伊藤博文をはじめ次世代をになうエリートや留学生が百名ほどで旅をした。

政治、経済、産業、文化、教育などあらゆる目的に分かれ調査を行い、毎日のように議論し学びあって共有された体験や認識が、帰国後に、日本の政策決定へとつながっていった。アメリカ訪問後、ヨーロッパにもわたり、十二か国、約百二十か所を訪れた。各国で君主や大企業のトップ、一流の学者に会っている。

▲岩倉使節団の主要メンバー。
左から木戸孝允、山口尚芳、岩倉具視、伊藤博文、大久保利通。サンフランシスコで撮影した写真。

津田仙

一八三七年～一九〇八年

梅子の父。西洋の学問である蘭学を学び、アメリカに留学した経験があったため英語ができた。女子教育について新しい考えをもっていて、おさない娘、梅子にアメリカ留学をすすめた。

農業技術の研究や学農社農学校の設立を行い、青山学院の前身である女子小学校や、筑波大学付属盲学校の前身である楽善会訓盲院の設立にも力をつくした。

また、日本初の公害事件である足尾銅山の被害地救援運動や、その閉山運動もささえている。

黒田清隆

一八四〇年～一九〇〇年

薩摩藩（現在の鹿児島県）出身。薩摩藩士で、倒幕運動で活躍した。戊辰戦争では、箱館五稜郭の戦いで新政府側の将として旧幕府軍を降伏させた。

その後、北海道開拓使（北海道開発のために設けられた役所）につとめ、梅子の父、仙の上司となる。

海外を訪れた経験から、女子教育が重要と考え、日本で初めての女子留学生をアメリカにおくることを決めた。仙もそれに賛同して娘の梅子を留学させることにした。

のちに、第二代内閣総理大臣になり、大日本帝国憲法の発布にかかわる。

伊藤博文

一八四一年～一九〇九年

長州藩（現在の山口県）出身。明治維新後、兵庫県知事となり、その後は新政府の中心となって活躍。一八八五年に初代内閣総理大臣となり、以後、第五代・第七代・第十代と四度にわたり内閣総理大臣をつとめた。

岩倉使節団の一員としてアメリカに向かう船で梅子と出会う。梅子が帰国して再開した後は、伊藤家に住みこみでの家庭教師を依頼したり、英語教師の仕事を紹介したりするなど、梅子のよき理解者となった。

満州のハルビンで韓国の独立運動家によって暗殺された。

日本初の女子留学生

▲到着したばかりのサンフランシスコで。５人の留学生たちと、その世話役。

写真提供　津田梅子資料室

上田悌子

一八五五年～一九四〇年

留学後にアメリカで体調をくずし、吉益亮子とともに約十か月で日本に帰国した。その後は、悌子の父が創立した上田女学校（万年橋女学校）で教えていたようだが、くわしくは分かっていない。結婚後、二男二女をもうけ、八十五歳で亡くなっている。

吉益亮子

一八五七年～一八八六年

留学当初は、梅子とランマン家にあずけられた。目の病気がよくならず、約十か月で帰国してしまう。日本にもどってからは、梅子の父が関わった女子小学校で英語の教師をつとめている。その後、亮子の父が、娘を校長とする女子英学教授所を創立したが、コレラにかかり二十九歳の若さで亡くなった。

大山捨松

一八六〇年～一九一九年

旧姓は山川。父は会津藩の家老。もとは咲子という名前だったが、留学するときに、娘を長期間アメリカに送る母の「捨てたつもりで送るが、学問を修めて帰ってくる日を待つ」という決意をこめて、捨松と改名された。

ヴァッサー大学を卒業し、さらに看護学校でも訓練をうけている。日本にもどり結婚すると、夫を助けて外交でも活躍した。

アメリカからボランティア精神の考えを持ち帰り、愛国婦人会、赤十字篤志看護会などの社会活動を行った。また、梅子の女子英学塾の設立・運営にも協力している。

瓜生繁子

一八六一年～一九二八年

旧姓は永井。兄のすすめで女子留学生となることを決めた繁子は、梅子たちとともにアメリカに渡った。アメリカのヴァッサー大学では音楽を学んでいる。

梅子たちより一年早く帰国した繁子は、文部省にできたばかりの音楽取調掛の教授となった。さらに東京女子高等師範学校、東京音楽学校でも教授をつとめて、ピアノを教えながら、演奏活動を行っている。

帰国の翌年に結婚して、七人の子どもを育てた。

梅子の女子英学塾の創立などに協力している。

◀女子英学塾開校時の協力者たちと梅子。

左から梅子、アリス・ベーコン、繁子、捨松。

写真提供　津田梅子資料室

協力者たち

アリス・ベーコン
一八五八年〜一九一八年

捨松がアメリカで暮らした家の娘で、梅子とも交流がうまれ、生涯の友となった。

経済的な理由で大学には進学できなかったが、独学でハーバード大学検定試験に合格して、教師となる。梅子の推薦で華族女学校で教えることになったアリスは、三十歳で来日して梅子と暮らすことになった。その後も日本とアメリカを行き来して、梅子をささえる一方、アメリカでも黒人女性の看護教育のため学校を設立したり、執筆活動を行うなどしている。

ケアリ・トマス
一八五七年〜一九三五年

親に反対されながらアメリカの大学を卒業。さらにドイツのライプチヒ大学に留学するが、当時は女性への博士号の授与が中断されていたため、チューリヒ大学に移り、チューリヒ大学で女性初の博士号を最優等でとった。

学長となったブリンマー大学では、女性にも最高の教育環境をあたえることにつとめ、梅子もそこで学んだ。梅子が女子英学塾を開校するときには、資金などでも力になり、来日したときには講演を行っている。

アナ・ハーツホン
一八六〇年〜一九五七年

梅子の二度目の留学で出会ったのち、父のヘンリーとともに来日して梅子と再会。その父が日本で亡くなり、ひとり残ったアナを、梅子がささえ、アナもまた、女子英学塾をつくる梅子をささえていく。アナは教師としての給料を受け取らず、寄付もして、資金集めのために労をつくした。

梅子が静養したときは、塾長代理をつとめるなど、梅子から絶大な信頼をえていて、その名前は、現在も津田塾大学の本館「ハーツホン・ホール」につけられている。

ヘレン・ケラー

一八八〇年～一九六八年

病気がもとで一歳七か月のときに目と耳が不自由になり、言葉を話すこともできない「三重苦」の人となってしまう。七歳でアン・サリバンを家庭教師にむかえ、指を使って会話をしたり、声を出す方法を学ぶ。障害のある人は教育をうける意味がないと言われた当時、たいへんな努力をして大学を卒業した。梅子は、十七歳の学生だったヘレン・ケラーと会っている。講演や本の執筆、募金活動などを行い、障害者のために働いた。日本にも三回訪れていて、女子大学生のために講演も行っている。

ナイチンゲール

一八二〇年～一九一〇年

イタリアの裕福な家に生まれたが、十七歳のとき貧しい人を助けて生きることを決意する。家族の反対を押しきり、医療従事者の養成機関に入学。その後ロンドンで看護師として働く。三十四歳のときに起こったクリミア戦争で、戦場の病院の衛生状態の悪さに気づき、衛生改革をおこなった。若くして体調をくずしてしまうが、本の執筆や手紙を書くことにより、医療や衛生の改善をうったえ続けた。梅子と会ったときもベッドから日本の女性をはげます言葉をつたえ、梅子の人生に大きな影響をあたえた。

地図

梅子とゆかりのある場所

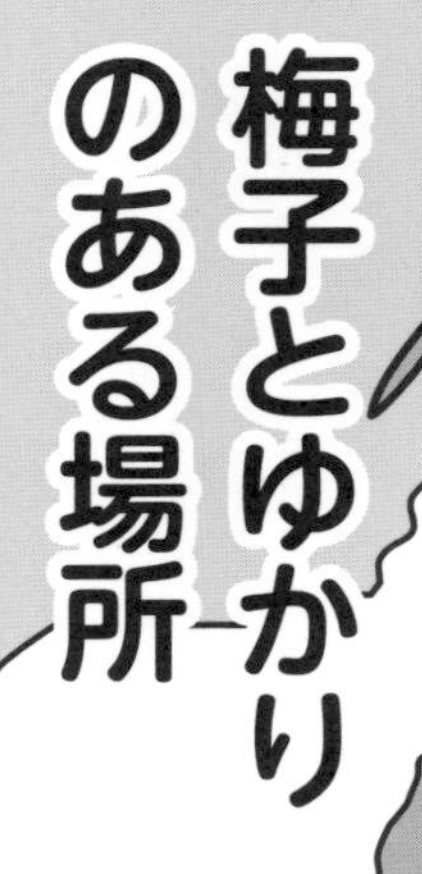

七歳からの十一年間をすごし、その後も訪れたアメリカは、梅子にとって、第二のふるさとといえる場所です。

フィラデルフィア

一八八九年からの二度目の留学で学んだブリンマー大学がある場所です。

ワシントン

ランマン夫妻の家があり、梅子が最初の留学の十一年間をすごした場所。アメリカの首都で、ルーズベルト大統領と会った場所でもあります。

カナダ
アメリカ合衆国
サンフランシスコ
梅子たち女子留学生が、一八七二年に初めてアメリカに上陸した場所。横浜から船でやってきて、ここからは陸路で留学の地に向かいました。
デンバー
一八九八年に、万国婦人連合会に招待されて、梅子が日本女性の代表としてスピーチをした場所。コロラド州中北部にある都市です。
メキシコ合衆国

資料

梅子をもっと知ろう

梅子が書いた手紙

梅子は、たくさんの手紙を書きました。いくつか見てみましょう。英語がどんどん上達(じょうたつ)しているのがわかりますね。

▲ 1872年5月

母にあてた手紙

ワシントンについたことや、ランマン夫人のことなどが日本語で書かれている。　写真提供　津田梅子資料室

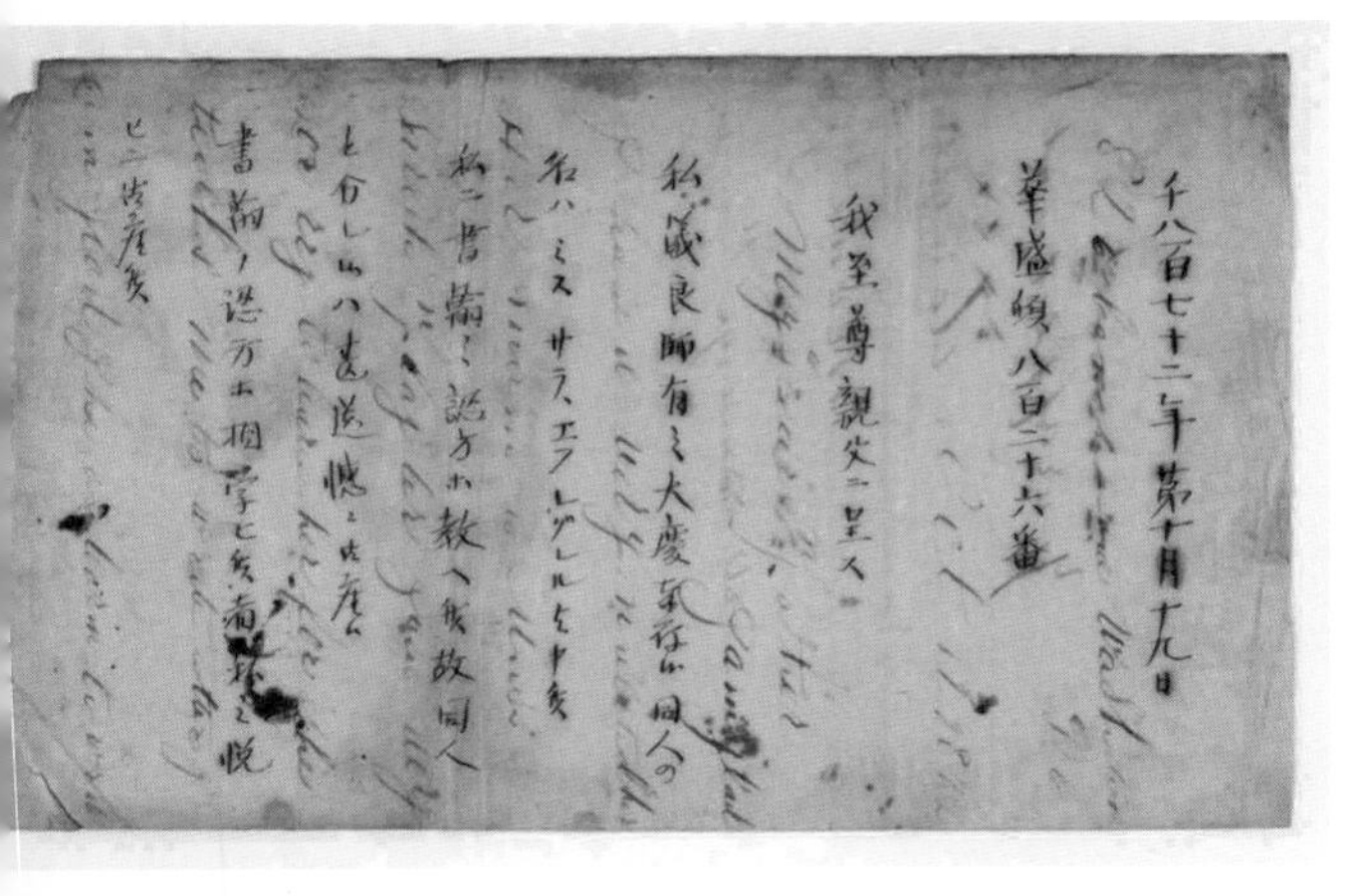
千八百七十二年第十月十九日
華盛頓八百二十六番
我至尊親父ニ呈ス

▲ 1872年10月19日

父にあてた手紙

梅子が最初(さいしょ)に書いた英語の手紙といわれている。

母の初(はつ)にもわかるように、梅子が書いた英語の間に、父の仙(せん)が日本語で訳文(やくぶん)を書いている。　写真提供　津田梅子資料室

16 Gobancho, Tokyo.
May 23rd 1910

My dearest Mrs. Lanman:
Just a line to tell you that our new building is actually finished and paid for, and we are using it. It is such a fine splendid building, and we are rejoicing greatly over it. The girls and teachers were so glad to go into the fine clean, bright school rooms, so light and airy and pleasant. It is a big beautiful building and

much, I fear, and may over work herself.
This is all I can write tonight. Oceans of love to you, my darling Mrs. Lanman!
Affectionately Yours,
Umé Tsuda.

▲1882年10月25日
ランマン夫人にあてた手紙
帰国するとちゅうに書いたもの。　写真提供　津田梅子資料室

eyes, I fear they are broken out, as I hear them rattling inside the head. Most of the things in the trunk were undisturbed, but how heavy it must be with all those things. You know at Council Bluffs the four pieces of baggage were weighed together on two tickets. I am afraid the scales are rather wrong or I think that I would have had to pay extra, had it not gone with [illegible] things, which must have been much lighter than mine. [illegible] trunks are rather light. When I think of all that is in those trunks I don't wonder they weigh.
When I went into the city last week, I found that Mr. Humphrey's residence was ever so much out of the way, so we went to the City Hall where his office is. He was not in, but his clerk was, and he told me he would deliver anything I wanted

Berkeley Wednesday Afternoon
(1) Oct. 25. 82
My dear Mrs. Lanman,
I suppose you are now safely settled at home with Miss [illegible], or perhaps Miss [illegible], after your nice long journey. How you must have enjoyed it! I am so glad Mrs. [illegible] has had such a nice trip & it must do her lots of good. I am enjoying myself to the uttermost. They are just as kind as they can be, and do everything for us. Last night we went to a little evening party at a neighbor, and spent quite a pleasant evening. I wore my green [illegible] cashmere with your [illegible] neck tie, and it looked very nice. You see it was not a party but just a little company. Tomorrow they are to have here a number of people to spend the evening. Miss [illegible] Boute is quite gay — fond of [illegible]

▲1910年5月23日
ランマン夫人にあてた手紙
女子英学塾を開校したころに書いたもの。
写真提供　津田梅子資料室

今では日本の小学生も英語を授業で習いますが、梅子が子どものころは英語を話せる人はとても少なく、梅子も留学をするまでは、「サンキュー」や「ハロー」などほんのいくつかの単語を知っているだけでした。けれど、帰国するころには日本語を忘れてしまって、また勉強しなおさなければなりませんでした。そして、話すことはできるようになっても、日記や手紙は、英語で書いていました。

年表

梅子の人生と、生きた時代

梅子の人生におきた出来事を見ていきましょう。どんな時代、どんな社会を生きたのでしょうか。

時代	西暦	年齢	梅子の出来事	世の中の出来事
江戸	一八六四	0歳	江戸の牛込南御徒町（いまの東京都新宿区）に生まれる。幼名はうめ（むめ）のちに梅子に改める	
明治	一八七一	六歳	女子留学生として、アメリカに行く船で伊藤博文と出会う	郵便制度開始 廃藩置県
	一八七二	七歳	ランマン家にあずけられる	日本初の近代学校制度についての法令「学制」が定められる
	一八七八	十三歳	アーチャー・インスティチュート（いまの高校にあたる）へ進学	
	一八八一	十六歳	帰国命令が出るが、在学中のため延長を願いでる	板垣退助が党首の自由党が結成
	一八八二	十七歳	アーチャー・インスティチュートを卒業して、日本へ帰国する	ドイツ・オーストリア・イタリアの間で三国同盟が結ばれる

明治			
一八八三	十八歳	伊藤博文と再会 伊藤家で住みこみでの通訳兼家庭教師となる	鹿鳴館開館
一八八四	十九歳	桃夭女塾で英語を教える	
一八八五	二十歳	開校した華族女学校で英語を教える	内閣制度ができ、伊藤博文が初代総理大臣となる
一八八八	二十三歳	友人のアリス・ベーコンが教師として来日	
一八八九	二十四歳	二度目の留学でアメリカのブリンマー大学に入学	大日本帝国憲法が発布される
一八九二	二十七歳	帰国して、ふたたび華族女学校で教える	
一八九八	三十三歳	女子高等師範学校教授を兼任する アメリカで開かれた万国婦人連合大会デンバー会議に日本の女性代表として出席 ヘレン・ケラーと会う イギリスの大学を見学する	
一八九九	三十四歳	イギリスのオックスフォード大学で学ぶ ナイチンゲールと会見する	
一九〇〇	三十五歳	華族女学校をやめる 女子英学塾（いまの津田塾大学）を東京麹町区一番町に開校	

時代	西暦	年齢	梅子の出来事	世の中の出来事
明治	一九〇一	三十六歳	女子英学塾を麹町区元園町に移転	
	一九〇三	三十八歳	女子英学塾を五番町へ移し、第一回卒業式を行う	ライト兄弟が航空機による初飛行に成功する
	一九〇五	四十歳	女子英学塾の卒業生は無試験で英語教員の免許を得ることがみとめられる	
	一九〇七	四十二歳	アメリカ、ヨーロッパ旅行をして、ルーズベルト大統領に会う	
	一九〇八	四十三歳	父の仙が亡くなる	
	一九〇九	四十四歳	母の初が亡くなる	伊藤博文が亡くなる
大正	一九一七	五十二歳	アリス・ベーコンが亡くなる 病気のため入院する	
	一九一九	五十四歳	女子英学塾の塾長を辞任する 捨松が亡くなる	パリ講和会議でヴェルサイユ条約が結ばれる
	一九二三	五十八歳	関東大震災で五番町の校舎が全焼する	関東大震災がおこる
昭和	一九二八	六十三歳	繁子が亡くなる	

昭和		
一九二九	六十四歳	鎌倉の別荘で亡くなる
一九三一		小平村（いまの東京都小平市）に女子英学塾の新校舎ができる
一九三三		女子英学塾が津田英学塾と改称する
一九四八		津田英学塾が津田塾大学と改称する 四年制の大学になる

参考

資料室へ行こう

津田梅子とその周辺の人びと、大学の歴史に関する資料を収集、保管しています。

津田塾大学　津田梅子資料室

津田梅子の遺品や写真の展示など、さまざまな企画展が開催されています。

〒187-8577　東京都小平市津田町２－１－１
星野あい記念図書館２階
TEL:０４２－３４２－５２１９
開室時間：９：００～１６：００
休室日：土・日曜日、祝日、
ほか図書館休館日に準ずる

資料提供・協力

津田梅子資料室

参考資料

『津田梅子　ひとりの名教師の軌跡』（亀田帛子　双文社出版）
『津田梅子』（古本宜志子　清水書院）
『学習まんが人物館　津田梅子』（津田塾大学資料室　小学館）
『津田梅子』（ 大庭みな子　朝日新聞出版）
『鹿鳴館の貴婦人 大山捨松―日本初の女子留学生』（久野明子　中央公論新社）
『少女たちの明治維新　ふたつの文化を生きた 30 年』（ジャニス・P・ニムラ　原書房）
『梅と水仙』（植松三十里　ＰＨＰ研究所）
『津田仙評伝―もう一つの近代化をめざした人』（高崎宗司　草風館）
『レジェンド伝記　津田梅子』（中川千英子　学研プラス）
『孤独な帝国 日本の 1920 年代―ポール・クローデル外交書簡 1921-27」(草思社)
『津田梅子を支えた人びと』（飯野正子　ほか　有斐閣）
『明治期女子高等教育における日英の交流』（白井堯子　ドメス出版）
『岩倉使節団の群像』（米欧亜回覧の会・泉三郎　ミネルヴァ書房）
津田塾大学　公式ウェブサイト　津田塾大学の歴史

作者

山口　理（やまぐち　さとし）

東京都出身。大学在学中に母校の高校で代用教員を務める。卒業後、千葉県の小学校教員をしながら『おーい、日本海！』（文研出版）を出版。たくさんの作品を発表し、のちに作家に専念する。
自身の体験をもとにしたアウトドア系の作品のほか、ファンタジー、ノンフィクション、SF など幅広く執筆している。
あかね書房「伝記を読もう」シリーズには『豊田喜一郎』（黒須高嶺・絵）『ジョン万次郎』（福田岩緒・絵）がある。
日本児童文学者協会会員。日本ペンクラブ会員。

画家

丹地陽子（たんじ　ようこ）

三重県生まれ。東京芸術大学美術学部卒業。書籍の装画や雑誌の挿画を中心に活躍している。挿画の作品に『夏のとびら』『竜の木の約束』『星を見あげたふたりの夏』（ともに、あかね書房）、『文学少年と書を喰う少女』（ポプラ社）、『透明犬メイ』（岩崎書店）など多数ある。

企画・編集

野上　暁（のがみ　あきら）

日本ペンクラブ常務理事、JBBY 副会長、東京純心大学こども文化学科客員教授。

装丁　白水あかね
編集協力　奥山修

伝記を読もう　２１

津田梅子
日本の女性に教育で夢と自信を

2021年4月　初　版
2023年7月　第4刷

作　者　山口理
画　家　丹地陽子

発行者　岡本光晴
発行所　株式会社 あかね書房
〒101-0065　東京都千代田区西神田 3-2-1
電話　03-3263-0641（営業）　03-3263-0644（編集）
https://www.akaneshobo.co.jp
印刷所　図書印刷 株式会社
製本所　株式会社 難波製本

NDC289　144p　22cm　ISBN 978-4-251-04622-2

伝記を読もう

人生っておもしろい！
さまざまな分野で活躍した人たちの、
生き方、夢、努力 …… 知ってる？

❶ **坂本龍馬**
世界を夢見た幕末のヒーロー

❷ **豊田喜一郎**
自動車づくりにかけた情熱

❸ **やなせたかし**
愛と勇気を子どもたちに

❹ **伊能忠敬**
歩いて作った初めての日本地図

❺ **田中正造**
日本初の公害問題に立ち向かう

❻ **植村直己**
極限に挑んだ冒険家

❼ **荻野吟子**
日本で初めての女性医師

❽ **まど・みちお**
みんなが歌った童謡の作者

❾ **葛飾北斎**
世界を驚かせた浮世絵師

❿ **いわさきちひろ**
子どもの幸せと平和を絵にこめて

⓫ **岡本太郎**
芸術という生き方

⓬ **松尾芭蕉**
俳句の世界をひらく

⓭ **石井桃子**
子どもたちに本を読む喜びを

⓮ **円谷英二**
怪獣やヒーローを生んだ映画監督

⓯ **平賀源内**
江戸の天才アイデアマン

⓰ **椋 鳩十**
生きるすばらしさを動物物語に

⓱ **ジョン万次郎**
海をわたった開国の風雲児

⓲ **南方熊楠**
森羅万象の探究者

⓳ **手塚治虫**
まんがとアニメでガラスの地球を救え

⓴ **渋沢栄一**
近代日本の経済を築いた情熱の人

㉑ **津田梅子**
日本の女性に教育で夢と自信を

㉒ **北里柴三郎**
伝染病とたたかった不屈の細菌学者

㉓ **前島 密**
郵便で日本の人びとをつなぐ

㉔ **かこさとし**
遊びと絵本で子どもの未来を

㉕ **阿波根昌鴻**
土地と命を守り沖縄から平和を

㉖ **福沢諭吉**
自由と平等を教えた思想家

㉗ **新美南吉**
愛と悲しみをえがいた童話作家

㉘ **中村 哲**
命の水で砂漠を緑にかえた医師

㉙ **牧野富太郎**
植物研究ひとすじに

㉚ **丸木 俊**
「原爆の図」を描き世界に戦争を伝える